中国工程院咨询研究报告

虚拟现实技术与产业发展战略研究

虚拟现实技术与产业发展战略研究项目组

科 学 出 版 社

北 京

内 容 简 介

本书阐述虚拟现实的概念、特点及其典型的软硬件系统，从数据获取与建模、分析与利用、交换与分发、展示与交互、标准与评价体系五个方面论述国内外虚拟现实技术的发展现状；分析国防军事、装备制造、医疗健康、教育文化等行业发展对虚拟现实新的需求及存在的瓶颈问题，以及网络应用、可穿戴设备、智能交互等相关技术领域与虚拟现实的互动发展，指出虚拟现实及其相关产业的发展趋势。最后为我国虚拟现实技术和产业的创新发展提出政策建议。

本书可供从事虚拟现实与先进仿真等技术研究和应用开发的人员阅读，也可作为高等院校计算机、自动控制、仿真、电子等相关专业高年级本科生和研究生的参考书。

图书在版编目(CIP)数据

虚拟现实技术与产业发展战略研究 / 虚拟现实技术与产业发展战略研究项目组. —北京：科学出版社，2016.12
（中国工程院咨询研究报告）
ISBN 978-7-03-051162-1

Ⅰ.①虚… Ⅱ.①虚… Ⅲ.①虚拟现实-应用-产业发展-研究-中国 Ⅳ.①F121.3-39

中国版本图书馆 CIP 数据核字（2016）第 302995 号

责任编辑：林 鹏 杨向萍 张艳芬 / 责任校对：张小霞
责任印制：徐晓晨 / 封面设计：陈 敬

科学出版社出版
北京东黄城根北街 16 号
邮政编码：100717
http://www.sciencep.com

北京虎彩文化传播有限公司印刷
科学出版社发行 各地新华书店经销

*

2016 年 12 月第 一 版 开本：787×1092 1/16
2018 年 3 月第三次印刷 印张：10 3/4
字数：255 000

定价：168.00 元

（如有印装质量问题，我社负责调换）

项目组名单

顾　问：	邬贺铨　金国藩　刘尚合　李伯虎　高　文
组　长：	赵沁平
副组长：	王涌天
成　员：	王兆其　胡事民　吴恩华　周明全　杨红雨
	刘　越　吴　威　沈旭昆　郝爱民　齐　越
	梁晓辉　王莉莉　周　忠　潘俊君　李　帅
	姜　涵

目　录

第 1 章

虚拟现实概述

1.1 虚拟现实的概念

虚拟现实（virtual reality，VR）涉及高性能计算、图形图像处理、人机交互、人机环境等，是计算机技术与应用衔接，向不同领域渗透，正在对各行业运行产生重大影响的颠覆性技术。虚拟现实在其产生和发展过程中，内涵和外延不断演化，同时，虚拟现实因多学科交叉融合也使得其在不同领域、不同学科中的表述有所差异，因此概念也在不断发生变化。综合而言，虚拟现实概念的定义在学术界较为经典和具有代表性的有如下几个：

虚拟现实概念 1（Wikipedia） 虚拟现实，又称为沉浸式多媒体或计算机仿真现实，能重现一种可以模拟真实世界或虚拟世界中实际存在的环境，允许用户与世界交互。虚拟现实人工地创造感官，包括视觉、触觉、听觉和嗅觉等。

虚拟现实概念 2（Bryson） 虚拟现实是指利用计算机和人机接口来创造拥有可交互对象和强烈三维空间感的虚拟世界的手段。

虚拟现实概念 3（NASA） 虚拟现实是指利用计算机技术创建拥有可交互特性和强烈空间感的三维世界这一过程。

虚拟现实概念 4（赵沁平） 虚拟现实是以计算机技术为核心，结合相关科学技术，生成与一定范围真实环境在视觉、听觉、触感等方面高度近似的数字化环境，用户借助必要的装备与数字化环境中的对象进行交互，相互影响，可获得亲临对应真实环境的感受和体验。

上述概念高度凝练了虚拟现实的重要内容，如计算机技术是构造虚拟现实的核心技术，因此计算机技术的快速发展是虚拟现实不断进步的重要驱动力；视觉、听觉和触感等多感官输出是虚拟现实作用于用户的通道，也是使虚拟现实具有多学科交叉融合特点的重要基础；虚拟现实与人机交互密切关联，是人机交互界面的最新形态，人机交互也是虚拟现实的重要组成内容。

1.2 虚拟现实的产生及发展过程

虚拟现实的产生和发展存在必然性。模拟仿制真实世界的对象为人所用，一直是人类追求的一个目标。“草船借箭”中的稻草人、“纸船明烛照天烧”中的纸船，以及军队训练拼刺刀用的木枪就是对人、船和枪的简单实物仿真。现代科学技术的发展将人类这一追求不断推向新的阶段和高度。虚拟现实就是随着高性能计算、图形图像处理、人机交互等技术的发展，人们在模拟真实世界方向上达到的最新境界。虚拟现实从概念产生、技术实现到产业发展，先后经历了几个不同的阶段：

1929 年，Edwin 发明了一种飞行模拟器，使乘坐者体验到了飞行的感觉。其后随着控制技术的不断发展，各种仿真模拟器陆续问世。1956 年，Heileg 开发出一种摩托车模拟器 Sensorama，该模拟器具有三维显示和立体声效果，并能产生振动感觉，Heileg 于 1962 年申请的专利“Sensorama Simulator”已具有虚拟现实的思想萌芽。

1963 年，作家、发明家和未来学家 Gernsback 在 *Life* 杂志上发表了文章，论述了其发明的 Teleyeglasses，这是他构思的一款头戴式电视收看设备，是虚拟现实显示器的萌芽。

1965 年，计算机图形学、虚拟现实奠基人 Sutherland 博士发表了一篇短文“The ultimate display”，以其敏锐的洞察力和丰富的想象力描述了一种新的显示技术。他设想，使用这种显示技术，观察者可以沉浸在计算机生成的虚拟环境中，就如同生活在真实世界中一样。同时，观察者还能以自然的方式与虚拟环境进行交互，如触摸感知和控制虚拟对象等。1968 年，Sutherland 研制了第一个头戴式显示设备，称为“达摩克利斯之剑”（The Sword of Damocles），这是第一个虚拟现实原型设备，开启了虚拟现实研究领域。

1973 年，Krueger 提出了“artificial reality”一词，这是最早出现的虚拟现实词语。受计算机技术本身发展的限制，20 世纪 70 年代虚拟现实技术发展较为缓慢。进入 80 年代，随着计算机技术，特别是个人计算机和计算机网络的发展，虚拟现实技术发展加快，这一时期出现了几个典型的虚拟现实系统。1983 年，美国陆军和美国国防部高级项目研究计划局（DARPA）共同制定并实施 SIMNET（SIMulation NETwork）计划，开创了分布交互仿真技术的研究和应用，对分布式虚拟现实技术的发展具有重要影响。1984

年，Greevy 和 Humphries 开发了虚拟环境视觉显示器，将火星探测器发回地面的数据输入计算机，构造了三维虚拟火星表面环境。此外还有 Videoplace、View 等，这些系统的开发推动了虚拟现实的应用。

1986 年，Fisher 等发表了虚拟现实方面的论文 “The virtual environment display system”。1987 年，Foley 在《科学美国人》（*Scientific American*）上发表了题目为 “Interfaces for advanced computing” 的文章。该杂志还发表了数据手套的文章，引起了人们的关注。1989 年，美国 VPL 公司的创始人 Lanier 提出了 “virtual reality” 一词，这一词语很快被学术界、产业界所接受，并成为该领域的专用名称。

90 年代以后，随着高性能计算、人机交互技术与设备、计算机网络与通信等科学技术领域的突破和高速发展，以及军事演练、航空航天、复杂设备研制等重要应用领域的巨大需求，虚拟现实进入快速发展阶段。

1990 年在美国 Dallas 召开的 SIGGRAPH 会议上，研究者们对虚拟现实展开了讨论，提出了虚拟现实研究的主要内容是实时三维图形生成技术、多传感交互技术，以及高分辨率显示技术等。1993 年，Heim 在其著作 *Metaphysics of Virtual Reality* 中刻画了虚拟现实的 7 个特征——模拟性、交互作用、人工现实、沉浸性、遥在、全身沉浸和网络通信。1994 年，Burdea 和 Coiffet 出版了 *Virtual Reality Technology* 一书，用 3I（immersion-interaction-imagination）概括了虚拟现实的基本特征。

同期，一批用于虚拟现实系统开发的软件平台和建模语言开始出现。1989 年，Quantum 3D 公司开发了 OpenGVS。1992 年，Sense8 公司推出了 WTK。1994 年 3 月在日内瓦召开的第一届 WWW 大会上，首次提出了 VRML，开始了相关国际标准的制定，并逐步形成了 X3D、基于 HTML5 的 WebGL 等。

进入 21 世纪以来，计算机技术得到了更高速的发展，互联网、移动终端等改变了人类生活和工作的方式，其推动社会发展的作用凸显。虚拟现实在 80 年代及 90 年代初期取得了一定成效，一些发达国家开始对其重视，将对其发展的支持提升到国家战略层面。美国、欧洲、日本和我国先后在国家科技发展战略中部署虚拟现实，其研究和应用向行业高端和大众普及两个方向拓展。

2002 年，Nvida 和 ATI 等公司推出可编程图形处理单元（graphics processing unit，GPU），大幅提升了个人计算机的三维图形实时处理能力，并成为高性能计算机的重要组成部分。2009 年，电影《阿凡达》使人们对虚拟现实有了更直接的感受，该年也被称为 3D 元年。其后许多国家掀起了制作三维电影的热潮，更具虚拟现实交互体验感的四维影院已成为受大众喜爱的观影方式。

2014 年，虚拟现实显示器（head mounted display，HMD）Oculus Rift 入选 MIT《技术评论》年度 10 大突破性技术。评论认为：虚拟现实头盔显示器和沉浸式虚拟环境已经存在了三十多年，这项技术似乎开始进入最终的广泛使用阶段，从各种媒体报道来看，Oculus Rift 不但价格便宜，而且摆脱了传统昂贵头盔显示器带来的不适感，体验感更好。2014 年 3 月，Facebook 公司宣布斥资 20 亿美元收购 Oculus VR 公司；同年 7 月，Amazon 发布 Fire Phone 3D 手机，增强了三维购物/娱乐体验；同年 9 月，Microsoft 公司研发了三维触觉反馈触摸屏，可以辅助医生"触摸"肿瘤，提升医疗诊断水平。Sony、HTC、Samsung、Vuzix、Nvida 等巨头也纷纷介入头盔显示器和移动终端三维处理等领域。2015 年，Google 公司领投数亿美元的 Magic Leap 创业公司突破一项颠覆性技术，能使虚拟物体看起来与现实生活中完全一样。这一技术将给影视、游戏、商务、旅游和电信等行业带来全新的机会和颠覆性影响。

2016 年初，美国著名投资银行高盛发布的一份报告详细讨论了虚拟现实与增强现实（augment reality，AR）产业的未来发展状况。高盛公司认为虚拟现实与增强现实拥有巨大潜力，到 2025 年虚拟现实与增强现实软硬件营收将达到 800 亿美元，乐观估计，年营收可达到 1820 亿美元，保守预测，到 2025 年也将达到 230 亿美元。如果高盛公司预测准确，那么 2025 年时虚拟现实与增强现实市场将比 TV 市场还大，规模可达到 1100 亿美元，而 TV 市场是 990 亿美元。信息技术及科技咨询公司 IDC 预测，2016 年我国虚拟现实设备出货量将达到 48 万台，同比增长 476%，行业将迎来爆发式增长。因此，许多媒体将 2016 年称为虚拟现实产业元年。

总之，人类探求自然的目标和社会需求是虚拟现实产生与发展的驱动力。计算机科技工作者对计算机系统更快捷、更聪明、更和谐的永恒追求，促使虚拟现实技术不断发展。

1.3 基本特点

虚拟现实的基本特点可以从其典型特征、系统形态、应用方向三方面概括为 3I 特征、4 类系统形态和 4 大应用方向。

1.3.1　虚拟现实的 3I 特征与 4 类系统形态

1. 虚拟现实的 3I 特征

长期以来，虚拟现实的典型特征被概括为 3I，即沉浸（immersion）、交互（interaction）和构想（imagination）。其中，沉浸是指在视觉、听觉和触觉等方面给参与人员带来的临场感；交互是指提供参与人员适人化的人机操作；构想是指通过沉浸和交互，使参与人员产生创想能力。近年来，虚拟现实系统的智能化研究日益受到重视，因此智能（intelligence）将成为虚拟现实的第 4 个重要特征，这在后续章节论述。

2. 虚拟现实的 4 类典型系统形态

虚拟现实系统虽然具有 3I 共性特征，但在表现形态上却千差万别，因应用而异，目前一般将其分为如下四种类型。

（1）沉浸型

主要面向高端应用，其特点是使用高端图形工作站（群）和高逼真感的视听触觉设备，以提供更好的沉浸感。例如，在视觉和听觉上使用大型 360°环幕、头盔显示器、高逼真声场设备等，在触感和交互上使用高精度三维定位、数据手套、体姿获取装置等沉浸型交互设备。

（2）桌面型

主要面向普及型应用，其特点是基于个人计算机和常规交互设备，在通用硬件上构造简易型系统。例如，采用常规键盘、游戏杆、鼠标（三维鼠标）、显示器（三维显示器）、三维眼镜、立体音箱等，为了使交互更为自然，利用 Kinect、Wiimote 等便携装置获取用户的体姿和操控信息。

（3）增强型

主要面向增强现实应用，其特点是利用机械、声波、光学和电磁技术获取运动物体的三维姿态，然后与虚拟对象进行注册、融合，并使用透视式头盔显示器，在现实场景中叠加虚拟物体，增加虚实融合的内容。

（4）分布型

主要面向网络环境中的虚拟现实应用，其特点是利用网络将不同节点的虚拟现实系统联结在一起，共享一致的虚拟环境，从而进行分布交互和协同工作。这里，网络可以是专有网络，主要面向军事、航空航天等特定应用，也可以是互联网，主要面向教育、娱乐等大众普及型应用。目前，基于移动互联网的分布式虚拟现实系统是研究和应用的热点。

上述四种类型系统既有区别，也有联系。例如，沉浸型、桌面型和增强型系统都可以作为分布型系统的节点；沉浸型或桌面型系统也可以是增强型系统，具有虚实融合的特点。

1.3.2 虚拟现实的 4 类主要应用

经过数十年的发展，虚拟现实在国防军事、航空航天、装备制造、医疗健康、智慧城市、公共安全和文化教育等领域涌现出许多实用的应用系统，这些系统主要集中在训练与演练、设计与预测、实验与分析和观赏与娱乐四个方面。

1. 训练与演练

通过虚拟现实技术构造虚拟环境，代替真实的训练环境，操作人员可以反复参与到该虚拟环境中进行训练和协同工作，达到在真实环境中的训练效果，避免了在真实环境中可能的风险，并可节省大量开销，因此，训练与演练成为虚拟现实的重要应用领域。下面介绍这方面的几个典型实例。

在军事领域，美国最早使用虚拟现实技术对士兵进行操作技能训练。20 世纪 80 年代初，研发了著名的系统 SIMNET，将分布在美国、英国、德国的飞机、坦克模拟器通过远程网络连接在一起，进行异地军事训练。1998 年，利用真实地形数据构建了虚拟战场环境（synthetic theory of war，STOW）高级概念演示系统，不同军兵种武器平台参与其中，进行多兵种协同与对抗演练。为了更好地支持类似系统的互联与互操作，1993 年和 2000 年，IEEE 分别颁布了 DIS（IEEE Std 1278）和 HLA（IEEE Std 1516）标准。虚拟现实在军事领域的应用进一步实用化，出现了 JSIMS（joint simulation system）、JMASS（joint modeling and simulation system）和 WARSIM2000（warfighter simulation 2000）等系统。随着虚实融合技术的发展，美国军队又先后研发了真实-虚拟-构造（LVC）训练环境、未来作战系统（future combat system），提出了嵌入式仿真（embedded simulation）的概念，在真实环境中营造虚拟作战场景，士兵通过装备参与到虚拟环境中进行装备训练和军事演练。2014 年，DARPA 在五角大楼的公众开放日展示中，首次演示了未来网络战争和机器人战场计划中的单兵增强感知技术，利用摄像头等多种传感器采集大范围作战数据，然后通过后台分析和处理，将三维数据和物理世界进行虚实融合，并推送到士兵的头盔显示器 UltraVis 中，使得士兵可以看到整个战场态势，分辨敌我，接受作战指令等。

在航空航天领域，20 世纪 90 年代美国约翰逊航天中心就开始使用虚拟现实技术对哈勃望远镜进行远程维护训练，航天员通过操作虚拟设备，大大提高了操作水平。20 世纪 90 年代初，波音公司在飞机辅助布线系统中，利用头盔显示器将绘制的布线路径和文字提示信息实时地叠加在机械师的视野中，帮助机械师完成复杂的布线工作。2006 年，波音公司在空间站航天员训练中，将指示和手册等信息合成到真实场景中，航天员作业时能够随时获得操作流程提示，降低了作业难度，节省了作业时间。空中客车公司在飞机淡水管安装中，利用研发的虚拟现实系统提供操作指示和可视化功能，在电缆与接线器的连接中也使用了移动设备提示电缆的连接位置，提高了工作效率。另外，梅赛德斯-奔驰发动机辅助维修系统、国际空间站欧洲哥伦比亚指令舱空气过滤系统改造辅助系统等，都是虚实融合技术在航空航天机械装配方面的典型应用。俄罗斯的“模拟火星登陆”任务则为宇航员提供逼真的虚拟现实体验。

在医学领域，20 世纪 90 年代初开始了虚拟手术仿真训练的尝试。典型的系统有瑞典 Mentice 公司研制的 Procedicus MIST、Surgical Science 开发的 LapSim，以及德国卡尔斯鲁厄研究中心开发的 Select IT VEST System 等。在远程会诊方面，美国北卡罗来纳大学开发了三维远程医疗会诊系统（3D medical consultation），利用相机重建了一个实时、在线的真实环境，跟踪头部位置和方向，为医生提供了连续动态的远程画面和符合视觉效果的立体视角，克服了传统二维视频系统无法得到所需视角和层次感差的缺点；西班牙加泰罗尼亚理工大学开发了一套远程协同医用虚拟环境平台 ALICE，实时观察复杂虚拟模型，用户之间可以相互交流，甚至能在自己的客户端打开一个窗口观察另一个远程用户的实时画面。在手术规划及导航方面，国内外已有一些初步实用的虚拟手术规划系统，如美国哈佛大学研制的治疗滑脱股骨头骨臼的手术规划系统、加拿大皇后大学研制的胫骨截骨术手术规划系统、清华大学与解放军总医院合作开发的治疗小儿先天性髋脱位的虚拟手术规划系统、北京航空航天大学机器人研究所与海军总医院神经外科中心合作的机器人辅助脑外科手术规划和导航系统等。

2. 设计与预测

通过虚拟现实可以对现实中尚不存在的场景和对象进行模拟，能够实现规划、设计和预测的目的。在这方面较为成功的应用主要集中在装备研发、城市规划和大型活动仿真等领域。

虚拟现实技术应用于装备研发领域最典型的例子是波音 777 辅助设计。波音公司于 1990 年 10 月开始对波音 777 进行全部数字化设计，到 1994 年 4 月第一架波音 777 出厂，整个研制周期仅 3 年半，耗资 40 亿美元。空中客车公司的 A380F 货运飞机、欧洲航空防务与航天公司的 A400M 军用运输机、美国洛克希德-马丁公司的联合战斗机和法国的幻影 7X 飞机等，均全部或部分采用了数字化设计和虚拟现实技术。德国菲亚特汽车公司设立了虚拟现实中心进行新车设计，大大缩短了新车的研发周期。欧洲联盟 2003 年的 VIEW（Virtual and Interactive Environments for Work）计划提出了可移动、便携和沉浸的虚拟环境概念，并研制了相关系统。VIEW 最主要的特征是可移动性，包括个体的可移动性（如基于可穿戴装置）、设备的可移动性（如便携式显示和交互设备），以及体验的可移动性（如网络互联的协作环境）。2004 年，由德国西门子公司牵头，空中客车公司参与的 ARVIKA 项目是工业领域的著名系统，其研究涉及汽车和航空产品的设计、生产、维修的各个环节，例如在飞机客舱和驾驶舱的柔性设计方面，研究了不同气流条件下对于客舱、飞行员座椅布局的影响及直观表现，依此设计座椅布局。近年来，几乎所有著名汽车制造商，如梅赛德斯-奔驰、宝马、丰田等在新车设计中均采用虚拟现实技术，首先研发虚拟样车，设计人员在虚拟样车中沉浸式地体验新车性能和舒适感，进而对设计进行改进，大幅度缩短了研发周期，降低了研发成本。

虚拟现实在城市规划中的应用包括城市景观仿真、城建规划方案逼真展现、市政管理安防等方面。大型活动方面的典型应用主要有 2004 年雅典奥运会使用虚拟现实技术进行烟火创意视觉效果模拟、2008 年北京奥运会采用虚拟现实技术进行开闭幕式节目创意仿真，以及 2012 年伦敦奥运会开闭幕式仿真中的虚拟现实应用等。

3. 实验与分析

20 世纪 80 年代中期，美国国家仪器公司（National Instruments）首先提出基于计算机技术的虚拟仪器（virtual instruments，VI）的概念。虚拟仪器是由计算机资源、接口电路与数据分析、过程通信及图形用户界面有机结合而成的一种仪器。与传统测试仪器相比，其利用虚拟现实的 3I 特性，可以方便地在计算机上产生虚拟的试验环境，对被试产品进行各种性能测试和检验；虚拟仪器通过对用户的视觉、听觉和触觉等感官作用使用户产生身临其境的感觉，试验者可以像在真实的环境中一样完成各种预定的试验项目，因而为相应的科学实验与分析提供了一种有力的辅助手段。美国航空航天局 Goddard 飞行中心的科学可视化研究室一直致力于这方面的研究。

4. 观赏与娱乐

利用虚拟现实技术构建的虚拟环境可以满足人们观赏和娱乐的需要，这方面的典型应用有数字博物馆和三维游戏等。

在数字博物馆方面，虚拟现实技术可用于博物馆藏品等文物的数字化保护和利用，代表性数字博物馆有美国纽约的大都会艺术博物馆（The Metro-Politan Museum of Art）、英国大英博物馆（The British Museum）、俄罗斯冬宫博物馆（The State Hermitage Museum）、法国卢浮宫博物馆（Louvre Museum）和中国大学数字博物馆、中国数字科技馆及虚拟故宫博物馆等。

在游戏领域，虚拟现实技术可以为游戏提供实时、逼真的三维虚拟场景，支持网络环境下多用户的主动、协同参与，并借助高精度交互感应设备进一步增强游戏的适人化交互。2006 年以来，全球游戏产业及相关衍生产品产值达数千亿美元。游戏产品不断追求更大规模的用户接入、更逼真的视听效果、更自然的人机交互，对虚拟现实技术、系统和设备的大众化提出了更高要求。由美国林登实验室的菲力普·罗斯代尔开发的虚拟社会“第二人生”（Second Life），目前已有上千万注册用户，几十家跨国公司进驻，一些国家在此虚拟空间中设置了大使馆、通讯社等，从一个侧面展示了以虚拟现实技术为支撑的数字娱乐对未来社会发展的巨大影响。目前，这一技术已从桌面应用拓展到移动端，大量的手机游戏已经普遍通过使用虚拟现实技术增强用户的体验感。

第 2 章

虚拟现实典型硬件设备和软件平台

2.1 虚拟现实硬件设备

构建一个逼真的虚拟现实系统通常需要考虑虚拟环境生成设备，即计算机系统、显示设备、跟踪定位设备、触力觉交互设备和数据获取设备等。其中，计算机系统根据虚拟环境要求进行配置，可以是一般的个人计算机，也可以是图形工作站，在此不做介绍。下面主要介绍其他各类设备。

2.1.1 显示设备

显示设备是虚拟现实系统的基本设备之一，显示效果直接影响用户对虚拟环境的感受。目前主要的显示设备种类有三维眼镜、头盔显示器、环幕、全息和真三维等。

1. 三维眼镜

人的左眼和右眼所看到的画面存在角度上的偏差，两个画面组合在一起，便产生立体感。三维眼镜利用液晶光阀高速切换左、右眼图像，使左、右眼画面连续互相交替显示在屏幕上，加上人眼视觉暂留的生理特性，使用者便可看到真正的三维图像。三维眼镜分为有线和无线两种，支持逐行和隔行立体显示，也可用无线眼镜进行多人观察。

三维眼镜技术比较成熟，大多数刷新频率达到 120Hz 以上。例如，eDimensional 公司生产的一款无线三维眼镜，可以将观看的 PC 视频游戏转换成真实的三维。CrystalEyes 三维眼镜由红外线信号触发，在 8～10ft[①] 范围内可完全自由地移动。此外，还有 Eye3D 无线眼镜和 NuVision 60GX 无线 LC 眼镜等。

2. 头盔显示器

头盔显示器（HMD）的原理是将小型二维显示器所发射的光线经过凸

① 1ft≈30.48cm。

状透镜使影像因折射而产生类似远方的效果，以此将近处物体放大至远处观赏而达到所谓的全像视觉（hologram）。头盔显示器根据使用模式可分为单目和双目两种；根据融合方式可分为视频透视式头盔显示器（video see-through HMD）和光学透视式头盔显示器（optical see-through HMD）。

视频透视式头盔显示器由一个封闭的视频头盔与两个视频相机组成。视频相机为用户提供真实世界中的场景，这些真实的视频同虚拟信息生成器产生的虚拟图像相融合，最后的效果在封闭式头盔的监视器中表现出来，用户便可以观察到增强的真实世界。例如，Rockwell Collins ProView VO35 提供全彩色 SVGA 性能，35°视野，重量轻且耗电量低。Cybermind 的 hi-Res900 的头部收发器可以与多种计算机和影像输入格式兼容，提供分辨率为 800×600 SVGA 的影像质量。其面罩为橡胶所制，在不产生异物感的同时阻绝了所有光线，使用者可以得到较好的沉浸式虚拟环境体验。

基于光学原理的光学透视式头盔显示器则是通过一对安装在眼前的、半透半反的光学合成器实现对外界真实环境与虚拟信息的融合。真实场景直接透过半透半反镜呈现给用户，虚拟信息生成器根据头部跟踪器跟踪的位置计算生成虚拟场景信息，之后经半透半反镜反射进入人眼，真实场景和虚拟信息的融合通过光学合成器来实现。例如，nVisor ST 是一款高清晰并带有透视功能的立体头盔显示器，主要应用于增强现实。该头盔显示器整合了高分辨率彩色微显示器和传统工程加固后的光学仪器，能在大范围视觉领域提供良好的视觉灵敏度。此外，该头盔显示器具有人性化的设计，使用者可以方便地对内部目镜的距离、眼睛的松紧度，以及头盔显示器的平衡度进行调整。

3. 环幕

随着显示技术的不断发展，显示器分辨率越来越高，尺寸也越来越大，随后即出现了双屏的概念。MATROX 最早将双屏显示概念推向市场并不断从应用角度予以完善，并推出了三屏环视显示技术。三屏显示的先锋——三维环幕仪 MATROX TripleHead2Go 是一个长方形的外置盒，用于链接计算机现有的单一显示输出，经过处理后，画面再传送至三台独立的显示器。MATROX TripleHead2Go 本身并非图形卡，而是通过外置盒驾驭系统当前的图形方案来绘制所有二维、三维视频，同时增加多屏幕显示支持。投影时采用边缘融合技术，将一组投影仪投射出的画面进行边缘重叠，并通过融合技术显示出一个没有缝隙，更加明亮、大型、高分辨率的画面，画面品质等同于一台投影仪投射的画质。

4. 全息显示

全息术是英国科学家伽伯于 1948 年提出的一种成像概念。按照物理学的近距作用观点，人眼之所以能看到外界物体，是由于物体发出的光波到达了人眼的视网膜，视神经细胞接收到物光波，从而产生三维空间图像视觉。按照这一成像理论，伽伯采用了和传统照相截然不同的思路和方法，他没有在二维底片上建立与物体相似的像，而是完全记录三维物体信息物光波的振幅和位相分布，并将记录结果称为全息图。通常可以将全息图理解为一个大容量的存储器件，存储或“冻结”了三维物体的全部信息。为了从全息图中提取物光波的信息，必须采用适当的光波照射全息图，“解冻”或恢复原来的物光波，人眼朝向再现物光波进行观察时，就如同通过全息图去观察原来的真实物体一样。

随着全息术的发展，出现了多种类型的全息图。从不同的角度考虑，全息图可有不同的分类方法：从物光和参考光的位置是否同轴角度，可分为同轴全息图和离轴全息图；从记录时物体与全息图的相对位置角度，可分为菲涅耳全息图、夫琅和费全息图和像面全息图；从记录介质的厚度考虑，可分为平面全息图和体积全息图。

5. 真三维显示

基于人眼立体视觉的三维成像受到观察角度、辅助仪器、眼睛观察时间等限制。由于焦距固定，眼睛在虚拟场景中无法像观看一个真实物体那样收缩或改变焦距，所以没有真正实现物体的全面三维显示。全息成像无法显示动态三维图像，很大程度上限制了全息术在信息显示中的应用。随着计算机技术和图形图像技术的发展，出现了直接在三维数据场中生成体素点，无须佩戴任何辅助设备便可全视角、多人同时观察三维图像且具有物理景深的三维显示器，即真三维显示器，其相关技术称为真三维显示技术。按成像原理，真三维显示可分为静态成像和动态成像两种。

静态成像过程是把两束激光照射到一个由特殊材料制造的透明图像空间上，经过折射，两束光相交到一点，激发图像空间材料发光，产生组成三维图像的最小单位——体素，每个体素对应真实物体的一个实际点，当这两束激光快速移动时，在图像空间中就形成许许多多个交叉点，这些体素点就构成了真三维物体图像。

动态体扫描显示技术将显示的图像用二维切片的方式投影到一个旋转或平移的屏幕上，同时该屏幕以观察者无法察觉的速度运动，由于人眼的视觉暂留，从而在人眼中形成三维物体，实现图像的真三维显示。

目前，美国、德国、日本、俄罗斯等国家都有相关研究，几种先进的真三维显示器描述如下：

Felix 三维显示器是使用体扫描技术的真三维显示器，显示标准的应用 CAD 软件产生的图像，可以较方便地输入和实时使用 Felix 控制软件进行交互式转换。图像是通过声光检流计或多棱镜的偏转单元和综合激光、色彩混合器“画”在旋转屏上。Felix 三维显示器的优点是简洁、轻便、可扩展，其主要部件既廉价又简易。

美国 Actuality 公司的 Perspecta 三维显示器采用旋转屏幕技术，用一个 XGA 级别的高分辨率（1024×768）投影仪将图像投影到一个旋转屏幕上，该屏幕将光学投影器件和三组起转向投影作用的平面镜放置在一起，以 600r/min 或更高的速度旋转。被投影的图像实际上是呈放射状的图像切片，由于视觉滞留，这些图像切片快速连续地投影到三维空间，从而在人眼中形成有真实立体感的三维图像。

2.1.2 跟踪定位设备

在虚拟现实系统中，通常需要获取用户位置和关节部位的信息，这就需要对用户运动进行跟踪定位。常用的跟踪传感器主要有五大类：磁场跟踪设备、声学跟踪设备、光学跟踪设备、惯性跟踪设备和眼球跟踪设备。

1. 磁场跟踪设备

磁场跟踪技术利用磁场特性进行位置和方位跟踪。将磁场跟踪技术运用到人机交互（如在头盔显示器中对用户头部姿态跟踪）的研究始于 20 世纪 70 年代末，用于跟踪战斗机飞行员的头部位置和方向。

基于磁场跟踪技术的系统主要包括控制部件、信号发射器（transmitter）和接收器（receiver）。发射器与接收器均包括 3 个相互正交的电磁感应圈。发射器在电磁感应圈产生磁场，接收器接收磁场，并在感应圈上产生电流。根据接收的电流信号，通过控制部件得到跟踪目标相对于接收器的位置和方向。按产生发射磁场的不同，可分为交流电发射器和直流电发射器。增强现实应用中获取的跟踪数据为用户头部的 6 个自由度（DOF）。

目前应用最多的交流电磁场跟踪器是 Polhemus 公司生产的 Fastrak，

其延迟为 4ms，并且数据刷新率高达 120Hz，有效跟踪范围为 1.5m。当磁场跟踪器的接收端和发射端之间的距离小于 0.8m 时，Fastrak 位置跟踪精度可达 1.75ms，方向跟踪精度可达 0.15°。

最新的交流电磁场跟踪器 LIBERTY 的刷新频率可达每个传感器每秒 240 次，最多可以支持 16 个传感器，*X*，*Y*，*Z* 三轴的精确度为 0.03in[①]RMS，方位角为 0.15°RMS，能够非常方便地追踪任何非金属物体的运动轨迹。

目前，性能较好的直流电跟踪系统，如 Ascension Technology 公司的 Flock of Birds 系统，其数据刷新率可达 100Hz，在没有噪声滤波器时，延迟最小到 17ms。然而，由于缺少噪声滤波器，输出精度降低，在正常情况下，延迟会大于 17ms。Flock of Birds 系统的有效跟踪范围为 2.5m，当接收器和发射器的距离在 0.3m 以内时，距离和方向的跟踪精度可分别达到 1.8mm 和 0.1°。

2. 声学跟踪设备

声学跟踪技术利用超声波特性实现目标的位置跟踪，跟踪方法可分为飞行时间（time of flight，TOF）测量法和相位差（phase-coherent，PC）测量法两种。为了更好地确定目标位置和方向，在实际中，通常使用多个超声波发射/接收传感器。与电磁跟踪器比较，使用超声波的好处是接近电脑或大面积金属时，不受干扰。

飞行时间测量法的原理和雷达相似，通过测量超声波脉冲从发出至反射回来的时间来计算发射器和反射物的位置和方向。典型的超声波跟踪系统由 3 个发射器和 3 个接收器组成。发射器放置在跟踪目标上，接收器放置在真实环境的已知固定位置。飞行时间跟踪器的数据刷新率一般为25～80Hz，位置跟踪精度为 1.2mm，方向跟踪精度为 0.3°～0.6°，有效范围约为 3m。

相位差测量法的原理是通过比较参考信号的相位与超声波发射后反射回的相位计算距离。相位差跟踪系统可连续发射超声波信号，较飞行时间测量法的“发射—等待—检测”省时，因此可采用滤波等提高准确性，从而使得相位差跟踪系统较飞行时间跟踪系统更为完善。

① 1in=2.54cm。

3. 光学跟踪设备

光学跟踪系统的感光设备种类较多，如相机、光敏二极管等。光源既可以是环境光，也可以是受跟踪器控制发出的光；为防止可见光干扰，光源有时也使用红外线光。光学跟踪系统易受遮挡影响，并且在高速运动条件下容易产生成像模糊而导致跟踪失败。光学跟踪系统主要有标识系统、模式识别系统和激光测距系统 3 种。

（1）标识系统

标识系统也称为固定传感器系统或信号灯系统，是当前使用最多的光学跟踪技术，其有自外而内（out-inside）和自内而外（inside-out）两种结构。

自外而内结构的光学跟踪系统是把一个或多个发射器（如发光二极管、特殊的反射镜等）安装在被跟踪的物体上（如使用者的头部），通过一些固定的传感器（如相机）从外面观察发射器，就得到被跟踪物体的运动。

具有代表性的自外而内结构的光学跟踪系统是 Honeywell 公司开发的 LED array 系统。该系统由 4 个预先设定模式并放置在跟踪目标上的红外线发光二极管和一个固定在环境中已知位置的相机组成。根据相机采集到图像中的发光二极管位置，以及 4 个发光二极管之间的相互位置关系，就可以计算出跟踪目标的位置和方向。该系统的刷新频率为 50～80Hz，延迟为 30ms 左右，其位置和方向精度分别为 8mm 和 0.25°，有效工作范围为 10m。

自内而外结构的光学跟踪系统则相反，安装在被跟踪物体（如使用者的头部）上的传感器从里面向外面观察固定的光源发射器，从而获取自身的运动。

自内而外结构的典型光学跟踪系统是北卡罗来纳大学开发的光电天花板系统（optoelectronic ceiling tracker system）。该系统在室内天花板上放置 960 个红外线发光二极管，在使用者头部固定 4 个指向天花板的类似相机功能的光电敏感元件（photodiode units）。每个光电敏感元件均有一个 10m×10m 的红外线探测器。当用户在室内移动时，红外线探测器采集到天花板上发光二极管图像。根据发光二极管在天花板上的位置，以及用户头部光电敏感元件的固定几何关系，可以计算出用户头部的位置和方向。该系统的刷新频率为 30～100Hz，延迟为 30ms 左右，位置和方向精度分别为 2mm 和 0.1°，有效工作范围为 9m。

（2）模式识别系统

模式识别系统是通过比较已知的样本模式与传感器得到的模式而得出物

体位置，可看做是标识系统的一种改进。把发光二极管那样的发光器件按某一固定阵列（即样本模式）排列，并将其固定在被跟踪对象上，然后由相机跟踪拍摄运动的发光二极管阵列，记录整个发光二极管阵列模式的变化。这实际上是将人的运动抽象为固定模式的发光二极管点阵的运动，从而避免从图像中直接识别被跟踪物体所带来的复杂性。

（3）激光测距系统

激光测距系统将激光发射到被测物体上，然后接收从物体上反射回来的光进而测量出位置。激光通过一个衍射光栅射到被跟踪物体上，然后接收经物体表面反射的二维衍射图的传感器记录。这种经反射的衍射图带有一定的畸变，这一畸变与距离有关，可作为测量距离的一种量度。

IMPULSE 激光测距/测高仪通过激光传感器和倾斜传感器计算实时的距离和角度值。在测量时 IMPULSE 由发射镜射出一束红外线，红外线碰到目标物反射回接收镜，IMPULSE 的激光传感器利用红外线短脉冲飞逝的时间计算确定距离值，倾斜传感器则负责测量垂角，计算确定高度、仰角、斜度、水平距离等数据。IMPULSE 光谱灵敏度高，能够测量反射和非反射目标，最大距离可达 600m，实际距离受具体目标和周围环境影响。倾斜传感器能够进行 360°测量，具体仪器由倾斜传感器以±180°显示。

4. 惯性跟踪设备

惯性跟踪技术使用惯性传感器进行跟踪，主要有陀螺仪（gyroscope）和加速计（accelerator）。高速旋转的陀螺具有保持其旋转轴朝向不变的能力，可以测量被跟踪物体的 3 自由度运动，从而对头部方向跟踪。加速计则用来测量头部运动的加速度或环境中运动物体的加速度，对头部位置运动的跟踪。

MTX 是一个小而精确的 3 自由度方位跟踪器，可提供三维动态数据——三维加速、三维旋转速度（移动速度）和三维地球磁场。MTX 对于人体方位的测量是一个很好的方向计量单位。Ascension Technology 公司的 3D-Bird 跟踪系统使用普通的个人计算机完成方位角的跟踪，且没有范围和视线限制。由于没有电磁发射，因此几乎不受金属干扰。

5. 眼球跟踪设备

ASL 的 Mobile Eye 是可移动眼球轨迹追踪系统，专为需要自由移动的应用设计，可以在室内或户外使用。该系统重量轻，用于记录的设备也很小，可别在一条皮带上。眼睛图像和场景图像交错地保存在特制的 DVCR 磁带里，以确保足够高的分辨率。其采样率为 25/30Hz。

ASL Model 504 眼球位置追踪系统利用抓取眼睛的视线原理来控制屏幕上的光标位置，也就是眼睛注视屏幕的任何一个方位，光标就指到那个位置。该系统的侦测范围约 40in。Quick Glance 2 允许用户通过眼睛注视来控制鼠标在屏幕上的指向，通过眨眼或凝视实现鼠标点击的功能。

2.1.3　触力觉交互设备

许多虚拟现实系统需要触力觉方面的沉浸感。近年来，触力觉再现技术逐渐成为研究热点，美国斯坦福大学、哈佛大学等先后开展了触力觉建模、触力觉再现，以及触力觉的生理与心理机制的研究。

触觉设备从功能上可分为触觉表现（tactile display）和触力觉反馈（force/kinesthetic feedback）两大类。触觉反馈包含材料的质感、纹理感和温度感等。力觉感知设备要求能够反馈力的大小和方向，与触觉反馈装置相比，目前力觉反馈装置技术相对比较成熟。

1. 力学/动感反馈设备

力反馈器是虚拟现实系统中的一种重要设备，能使参与者实现虚拟环境中除视觉、听觉之外的第三感觉——触力觉。可提供高度逼真的三维触力觉反馈能力，进一步增强虚拟环境的交互性，提升虚拟世界中的交互真实感。该类设备广泛应用于虚拟装配、虚拟医疗、虚拟造型、路径漫游、远程操作、机器人等诸多领域。目前典型的设备有 SensAble 公司 PHANTOM 系列触觉交互设备，瑞士 Force Dimension 公司 Delta haptic device 设备，以及美国 Immersion 公司 CyberGrasp 等。

SensAble 公司的 PHANTOM 系列触觉交互设备能使用户接触并操作虚拟物体。PHANTOM 可以提供反馈力，以及 6 自由度的运动能力，PHANTOM Desktop 系统具有更高的精度、更大的反馈力，以及更低的摩擦力。PHANTOM Omni 是低价格触觉交互设备。

瑞士 Force Dimension 公司的 3D-Delta haptic device 和 6D-Delta haptic device 基于 Delta 自由机械结构。3D-Delta haptic device 触感装置采用了轻质的铝框和坚固的落地式传动装置，是可靠的用于桌面应用的点触式触感设备。Omega 装置通过使用持续的 12 牛顿力、14.5N/mm 的闭环刚度和大范围工作空间，来显示高保真、高品质的肌肉运动知觉和触觉信息。由于采用了独特的并行机械结构，Delta 触感装置能够在很大的工作空间上传达大范围的压力和扭矩信息，因此 Delta 触感装置成为目前典型的触感工具之一。

美国 Immersion 公司的 CyberGrasp 是一款重量轻且具有反馈功能的装置，可以附着在数据手套上。通过 CyberGrasp 力反馈系统，可以触摸虚拟环境中的三维虚拟对象，感觉如同触碰到真实的对象。CyberGrasp 系统可以产生精确的动作，而且穿戴者的动作不受阻碍，具有延展性，适用于任意尺寸。

日本东京大学研制出一种如同真人皮肤，可感测出施加在表面上力的大小和方向的新型传感器，并计划研制具有接近人类触觉的机器人手。

2. 触觉表现

相对力反馈，触觉感知还处于初级阶段，相关的研究工作主要有：

日本岐阜大学的研究小组成功开发出世界上最小的超敏感触觉传感器，该传感器在医疗器械领域应用前景广泛。虚拟纺织品触觉（Haptic Sensing of Virtual Textiles）项目是由欧盟未来新兴技术计划（Future and Emerging Technologies Program）资助的。瑞士日内瓦大学 MIRALab 承担的研发项目可以让人们感觉到与触摸真实纺织品类似的触感，其方法是把描述纺织品表现形式的精细模型与新的刺激性触摸设备相结合，真实地模拟纺织品质感的物理属性。

2007 年，美国西北大学的 Colgate 等研制了触觉再现设备 T-PaD，此设备受限于压电陶瓷的尺寸，只能在很小的平台上实现。2009 年研发的改进设备 ShiverPaD 不仅能在平面产生点振动，同时将振动范围扩大到横向的一维线性平面上，通过改变一个横向运动周期内的摩擦力，该装置可在手指上生成横向力并可使手指感知剪刀力。2012 年，Mullenbach 等开发的 Active-PaD 实现了横向速度与大振幅运动控制，实现了结合图像的 3 自由度平面触觉再现。该设备利用摩擦力调制横向运动，能够渲染复杂的触觉环境。2013 年，美国西北大学 Colgate 等将研究成果集成到 TPaD Fire 的便携终端上，在超声波振动产生触觉信息的基础上，结合手指位置实时检测玻璃表面上的纹理，可实现超过 100mN 的反馈力。

近年来，国内外学者利用静电力反馈研制出多种表面触觉反馈系统。2009 年，芬兰 Linjama 等采用静电触力觉再现技术研制出 E-Sense。2010 年，美国迪士尼研究中心 Bau 等研制出 TeslaTouch。这两种设备均能在显示屏幕表面实现触觉纹理的再现，测试者能明显感觉到多种触觉信息。2012

年，NOKIA 实验室与剑桥大学合作共同推出了基于石墨烯的静电力表面触觉反馈系统 ET。相对现在的 ITO 等导电材料，石墨烯最大的好处是形变能力强，可应用于下一代可形变触摸屏。

在电刺激触觉反馈方面，日本的 Kajimoto 实验室研发一套接触式电刺激触觉反馈系统。这套系统的工作电压为 300V 左右，通过击穿皮肤直接刺激人体的触觉感知细胞使人体感知到触觉变化。此设备工作时流过人体的电流为 μA 级别，功耗较低，并且能在 1.45μs 时间内完成一个反馈循环。

基于物理形变的表面触觉技术大多通过显示仪器表面的微小变化在尽可能不影响视觉效果的同时，使用户感知触觉反馈。

2009 年，美国的 Tactus 公司研发出一种很薄的触觉反馈层，可以直接附加在普通触摸屏。触觉反馈层是充满液体的微通道，通过控制命令可以改变这些微通道液体的压力与流向，并在触摸屏表面形成水泡样的按钮。

2013 年，德国的 Roudaut 等研发出应用于手机的薄膜触觉反馈系统。该系统在手机表面增加一层薄膜，在手机下合成 6 个电机与驱动板，当手机收到信息时，电机拖动薄膜产生触觉反馈，用户通过感知薄膜位置的变化感知到信息的内容。利用此系统，用户经过简单的训练可以在无视觉帮助的情况下实现信息的发送和接收，平均准确率超过 90%。

2.1.4　数据获取设备

近年来，深度相机、Kinect、Leap motion 等三维信息获取设备快速发展，并衍生了许多应用。按照捕获数据的对象不同，数据捕获设备主要分为两类：一类获取空间中三维模型数据及表面材质等，另一类捕获空间中对象运动数据。下面简要介绍这两类数据获取设备。

1. 模型数据获取设备

（1）三维扫描仪

三维扫描仪可以在极短的时间里获得物体表面高密度完整的点云数据，设计人员通过处理扫描所得到的物体表面点云数据，迅速便捷地将点云数据转化为三维模型，大幅节省技术人员的设计时间，提高工作效率。三维扫描仪根据原理不同可以分为接触式扫描仪和非接触式扫描仪。非接触式扫描仪又分为激光式扫描仪和结构光式扫描仪。

接触式扫描仪通过内置高精度位置和方向传感器感知探头所处位置。主要产品有 MS 接触式数据化仪。MS 接触式数据化仪是由三段碳纤维臂构成，臂与臂之间由球形连接器相连，内置高精度位置和方向传感器，以感知探头所处位置。

激光扫描仪使用条状激光对输入对象进行扫描，使用 CCD 相机接收其反射光束。根据三角测距原理获得与拍摄物体之间的距离，进行三维数据化处理。目前已成形的产品有如下几种：

DeltaSphere-3000 利用飞行时间，可调整射线激光测距仪迅速产生全景的、精确的三维点布景。这种数据的布景可以与色彩信息（由可选的、集成的、高精度的彩色数码相机获得）结合产生出精细而精确的三维影像；FastSCAN Cobra 是 Polhemus 公司研制的手持激光扫描仪，加快了对三维模型和动画的处理速度；ModelMaker 是一款便携式激光扫描仪，安装在一个机械手臂上，围绕物体移动，能够自由快速地采集高分辨率三维数据。

VIVID 系列结合了 KONICA MIMOLTA 公司几十年的光学图形图像处理技术和现代的激光测距技术，可以快速同时获取物体表面的三维信息和彩色纹理信息。特点是非接触、采用照相方式、速度快、精度高、可获取彩色纹理等，标配的 3 个镜头对扫描范围、采用扫描物体和扫描环境没有任何限制。

结构光式三维扫描仪有别于传统的激光点扫描和线扫描方式，该扫描系统采用结构光照相式原理对物体进行快速面扫描。目前成型的产品有如下几种：

3DD REALSCAN 非接触式扫描系统利用三角光学侦测原理测量物体外形，再依据所得到的点数据构造物体的三维几何模型，结果可直接应用在加工或快速成型等方面；北京天远三维扫描系统可对物体快速扫描，得到物体表面点云数据，经处理后得到 CAD 三维模型。

（2）三维照相机

KONICA MIMOLTA 公司于 1999 年推出 3D 1500 数码照相机，可将现实世界中的实物实景拍摄为三维影像。三维数码照相机在逼真再现立体世界方面还存在不足，例如，目前只能通过三维技术再现小实物，拍摄后在计算机中处理的时间也较长。目前的三维照相机主要有 Komamura 的 Horseman 3D camera，它采用了双镜头组，但双镜头同时工作，因此不需要额外的处理就可以直接拍摄出红蓝三维眼镜能够观看的立体照片。

2. 运动数据获取设备

运动捕获是记录人体运动信息以供分析和回放的技术。捕捉的数据既可简单到记录躯体部件的空间位置，也可复杂到记录脸部和肌肉群的细致运动。而应用在电脑角色动画的运动捕捉则涉及如何把真人动作转换为虚拟角色的动作，这种转换映射可以是直接的，如用真人演员的手臂运动控制虚拟角色的手臂动作；也可以是间接的，如用真人演员的手臂和手指动作来控制虚拟角色的皮肤颜色和情绪等。

运动捕捉技术可以追溯到 20 世纪 70 年代末，当时的迪士尼公司在《白雪公主与七个小矮人》影片中试图通过“临摹”高速拍摄真实演员动作的连贯相片来提高动画角色的动作质量，然而结果不尽如人意，动作虽然逼真但缺乏卡通性和戏剧性，使得迪士尼公司最终放弃该动画制作方法。当计算机技术开始应用于动画制作时，纽约计算机图形技术实验室设计了一种水银镜子，将真实舞蹈演员的表演姿势投射在计算机屏幕上，作为数字舞蹈演员动画关键帧的参考。

此后，运动捕捉技术吸引了越来越多研究人员和开发商的目光，并从实验性研究逐步走向了实用化和商业化。随着计算机软硬件技术的发展，目前运动捕捉已经成功地应用于影视特效、动画制作、虚拟现实、游戏、人体工程学、模拟训练、生物力学研究等许多方面。

（1）全身运动捕捉系统

全身运动捕捉系统主要分为机械电子捕捉和光学捕捉两种类型。

ME4 是 ME 电子机械式运动捕获系统的最新产品，其设计最大限度地满足用户动作的自由度和舒适度，由安放于人体 17 处关节的 43 只运动传感器精确记录运动者骨骼的转动。同时可最多捕获 16 人的运动信息，没有光学运动捕获常见的测量死角和标记点混淆，也没有电磁跟踪系统常见的外界干扰产生的误差。增加传感器锚点数量、位置（头、肘、膝盖、臀部）可配合完成诸如头手倒立、四肢匍匐、就座等复杂动作捕获。

PS 光学式人体运动捕捉系统是目前光学式系统中价格最便宜、性能最好的系统，其依靠主动方式、硬币大小的发光二极管，可以快速、高精度、方便地实时获取多达 120 个发光二极管主动方式标识点的运动轨迹。相比传统的被动方式标识点光学运动捕捉系统，其具有很多良好的性能。采用主动式发光二极管标识，每个标识是唯一的，因此很好地解决了运动标识点的错位问题；同时运动轨迹数据没有噪声，因此不需要进行数据的过滤处理。

Charnwood Dynamics 公司的 CODA Motion 系统是主动式光学动作捕获系统，由 CODA 传感器模块、网络集线器和个人计算机组成。所需的 Marker 和驱动盒的数量根据用户需求而定。最多可同时使用 6 个 CODA 传感器模块，与测力台、肌电图（EMG）系统等外部设备一起使用。每个 CODA 传感器模块预先校准，提供三维坐标，且无需在坐标区域内定标，可用于各种环境包括医院、工厂、学校、运动场、动画制作摄影棚和国际空间站等。

（2）脸部表情捕捉系统

FT45 脸部表情跟踪系统是广泛使用的人体脸部表情跟踪系统。通过脸部的 36 个不同标记，FT45 系统可以实时捕获脸部运动数据。这些数据可以反映到其他虚拟角色的三维脸部模型上，从而获得和表演者相似的表情，也可以进行表情变化。

3. 数据手套

数据手套是一种通用的人机接口，实时获取人手的动作姿态，以便在虚拟环境中再现人手动作，达到理想的人机交互目的。数据手套的关键在于手掌、手指及手腕的各个有效部位的弯曲、外展等测量，以及在此基础上的姿态反演。完成反演主要取决于人体手部姿态的建模，确定传感器测量数据和手部各关节运动姿态的对应关系。目前主流的数据手套设备有如下几种：

5DT PINCH 手套系统性能可靠，使用成本低，可以抓住虚拟物体，捏住中指和大拇指则执行一个动作。手—行为接口系统让开发者和用户在虚拟环境中实现手的互动。5DT PINCH 系统中每个手指都安装了电感应器的布料手套，捏住任何两个（或两个以上）手指都能够完成一个完整的路径和一个复杂的动作。

Essential Reality P5 Glove 手套由 Mattel 公司专门为游戏设计，是互动游戏的必备装备。该产品拥有定位追踪系统，可以 6 自由度侦测 5 只手指的动作，通过 USB 接口与计算机连接。

2.1.5 多自由度运动平台

运动平台可分为 3 自由度、4 自由度、5 自由度和 6 自由度 4 种，其中 6 自由度运动平台具有广阔的应用前景。6 自由度运动平台由 6 只油缸，上、下各 6 只万向铰链和上、下两个平台组成，下平台固定在基础上，借助 6 只油缸的伸缩运动完成上平台在空间的 6 个自由度运动，从而模拟出各种空间运动姿态，可广泛应用于各种训练模拟器，如飞行模拟器、舰艇模拟器、海军直升机起降模拟平台、坦克模拟器、汽车驾驶模拟器、火车驾驶模拟器、地震模拟器，以及动感电影、娱乐设备等领域。

2.2 虚拟现实软件开发平台

开发虚拟现实系统需要一些基本的软件开发工具，主要有建模工具、绘制工具和可视化工具等。

2.2.1 建模软件

1. MultiGen Creator

MultiGen Creator 是 MultiGen-Paradigm 公司早期推出的图形工作站专业虚拟现实建模软件，目前已经不再更新了。该软件通过“所见即所得”的建模环境建立高度优化的三维模型。其生成的 OpenFlight 格式三维模型文件能够被多个专业虚拟现实绘制软件（如 VEGA、OpenGVS）调用，不仅能够创建车辆、楼房等三维物体模型，而且可以利用数字地图文件创建三维地形模型。MultiGen Creator 被广泛应用于游戏开发、虚拟场景漫游和虚拟战场环境仿真等领域。

2. AutoCAD

AutoCAD 是 Autodesk 公司于 1982 年开发的计算机辅助设计软件，1992 年具有成熟完备的功能，至今仍在更新。AutoCAD 用于二维绘图、详细绘制、设计文档和基本三维设计，现已经成为国际上广为流行的绘图工具。它的多文档设计环境使非计算机专业人员也能很快地学会使用，从而不断提高工作效率。AutoCAD 具有广泛的适应性，可以在各种操作系统支持的个人计算机和工作站上运行。

3. Pro/Engineer

Pro/Engineer 软件是美国 PTC 旗下的 CAD/CAM/CAE 一体化的三维软件，于 1987 年发布，主要用于三维制图和建模，在复杂的三维模型设计方面很有优势。Pro/Engineer 软件以参数化著称，是参数化技术的最早应用者，在目前的三维造型软件领域占有重要地位。Pro/Engineer 作为当今世界机械 CAD/CAE/CAM 领域的标准而得到业界的认可。Pro/Engineer 在 2010 年 8 月更名为 Creo Elements/Pro，2011 年 6 月再次更名为 Creo Parametric。

4. Rhinoceros

Rhinoceros 是美国 Robert McNeel & Associates 公司于 1992 年开发的专业三维造型软件，该软件于 1998 年发售，至今仍在更新。Rhinoceros 具有比传统网格建模更为优秀的 NURBS（non-uniform rational B-spline）建模方式，也有类似于 3D Max 的网格建模插件 T-Spline，其发展理念是以 Rhinoceros 为系统，不断开发各种行业的专业插件、多种渲染插件、动画插件、模型参数及限制修改插件等，使之成为通用型设计软件。Rhinoceros 可以建立、编辑、分析及转译 NURBS，适用于建筑设计、教育学习、游戏设计及工业设计领域。

5. SoftImage | XSI

SoftImage | XSI 是 AVID 公司于 2000 年发布用于制作游戏和电影的三维动画和角色制作软件。SoftImage | XSI 拥有世界上最快速的细分优化建模功能，以及直觉创意工具，让三维建模感觉就像在制作真实模型雕塑一般。XSI 的非破坏性流程环境可以让用户完全专注于美术创作上，其亿万多边形核心架构同时掌控几百万个多边形，使创作达到前所未有的精细。2014 年 3 月，Autodesk 公司宣布 Softimage 停止更新。

6. SketchUp

SketchUp 是 2000 年由规模非常小的 Last Software 公司开发的面向建筑师、城市规划专家、制片人、游戏开发者，以及相关专业人员的三维建模软件。该软件于 2006 年被 Google 收购，2012 年转让给美国天宝导航有限公司。官方网站将其比喻为电子设计中的“铅笔”，使用简便，能够快速和方便地进行三维创意、观察和修改。即使最初由 SketchUp 所制作的草图也可输入智能虚拟建筑环境中，增加细节，并且数据的交互性可使模型应用于其他软件，如 CAD、3D Max、Lightscape 等。SketchUp 也有一系列渲染工具和软件，可以独立出效果图纸。

7. ImageModeler

REALVIZ 公司的第一个以影像为基础的高级建模工具，利用照片或电影影像构建三维模型。ImageModeler 能真实精确地记录复杂的几何和材质，能把原来物体的影像当做材质贴在模型表面上，最后得到高度逼真的模型。

ImageModeler 提供了独一无二的基于图片的建模工具，将乏味的三维建模过程简单化，通过在某个对象或者环境的一系列静止图片上选择特征点，然后从中提取三维数据和材质创建模型。ImageModeler 于 2008 年被 Autodesk 收购，现已集成在 Autodesk 的其他产品中。

2.2.2　绘制软件

对虚拟环境的逼真绘制，是为使用者提供身临其境沉浸感的首要条件。目前，许多公司与开源组织形成了很多具有特色的虚拟现实绘制软件。

1. Open Inventor

Open Inventor 是 SGI 公司于 1988 年开发、至今仍在更新的基于 OpenGL 面向对象的三维图形软件包，后经 TGS 公司移植，可应用在 Windows、Unix、Linux 平台上。Open Inventor 包含 450 多个类库，提供简易的编程界面，使得开发者可以快速地开发模型和图形应用程序。此外，TGS 公司还提供了一系列扩展工具包，可供开发者快速开发应用程序的新功能。

2. OpenGL Performer

为支持 OpenGL 的高级操作，SGI 提供了一系列基于 OpenGL 的应用程序接口（API），其中 OpenGL Performer 是一款于 1991 年研发、现已集成到标准的 OpenGL 库中可扩展的高性能实时三维视景开发软件包。OpenGL Performer 提供了一组标准 C 或 C++语言绑定的编程接口，通过使用灵活的三维图形工具集提供高性能的渲染效果。其可以同 OpenGL Shader、OpenGL Optimizer、OpenGL Volumizer 和 OpenGL Vizserver 协同工作，开发实时仿真应用程序和其他专业三维图形应用程序。

3. WorldToolKit

WorldToolKit 由美国 Sense8 公司于 1992 年开发，是一款简洁的跨平台软件开发系统，用于科学和商业领域建立高性能、实时、综合的三维工程，能在 Windows、Unix、Linux 等平台上运行。WorldToolKit 具有很强的功能和终端用户工具。高水平的应用程序界面（API）能让用户按需要快捷地建模、开发及重新构造应用程序。WorldToolKit 也支持基于网络的分布式模拟环境，以及大量的界面设备，如头盔显示器、跟踪器和导航控制器等。

4. VTree

VTree是CG2公司针对实时三维图形可视化、三维模型开发、仿真应用开发等领域，为客户提供的基于OpenGL的面向对象和便携平台的实时三维图形开发软件包（SDK），可以跨平台使用。该SDK具有大量的C++类和压缩抽象OpenGL图形库、数组类型及操作的方法。通过VTree的图形工具SpliceTree和Audition可以方便地实现视觉仿真、数字娱乐、任务训练、事件重现等应用。

5. VTK

VTK（Visualization ToolKit）是始于1993年的一款开源免费软件系统，主要用于三维计算机图形学、图像处理和可视化。VTK在面向对象原理的基础上设计和实现，其内核是用C++构建的，包含2000多个类，还提供转换界面，因此可以通过Java、Tcl/Tk和Python各种语言使用VTK，进而将科学实验数据进行可视化。

6. OpenGVS

OpenGVS是Quantum3D公司于1998年开发的产品，用于场景仿真的开发，易用性和重用性好，有良好的模块性、编程灵活性和可移植特性。OpenGVS可在Windows和Linux等平台上运行，包含了一组高层次、面向对象的C++应用程序接口，它们直接架构于三维图形引擎（包括OpenGL、Glide和Direct3D）。也就是说，OpenGVS既封装了繁杂的底层图形驱动函数，又保持了良好的性能，开发者只需用少量代码就可以快速生成高质量的三维应用软件。

7. MultiGen Vega

MultiGen Vega是MultiGen-Paradigm公司于2000年针对实时视景仿真、声音仿真、虚拟现实及其他可视化领域应用而开发的软件，目前已不再更新。MultiGen Vega的LynX图形用户界面是独一无二的，只需点击鼠标就可配置/驱动图形，对于一般的仿真应用，几乎不用编辑任何源代码就可以实现三维场景漫游。MultiGen-Paradigm公司已用Vega Prime取代了MultiGen Vega。Vega Prime是全新的产品，不是MultiGen Vega的后续版本，其核心Vega Scene Graph是完全面向对象的先进架构，采用了许多

C++特性和技术，如泛型和设计模式等，增加了软件功能和灵活性、通用性。

8. Open Scene Graph

Open Scene Graph 是 2007 年发布的一套开源软件，其基于 C++平台的应用程序接口。Open Scene Graph 将三维场景定义为空间中一系列连续的对象从而进行三维世界的管理。正是由于场景及其参数定义的特点，Open Scene Graph 可以通过状态转化、绘图管道和自定制等操作。目前支持 Open Scene Graph 的系统包括 Solaris，IRIX、Windows、Mac OSX、HP-UX 和 Sony Platystation 等。

9. Artlantis

Artlantis 是法国 Abvent 公司的重量级渲染引擎，也是 SKETCHUP 的渲染伴侣，用于建筑物室内和室外场景的专业渲染，其良好的渲染速度与质量、简洁的用户界面令人耳目一新。Artlantis 与 SKETCHUP、3DMAX、ArchiCAD 等建筑建模软件可以无缝链接，形成的绘图与动画影像让人印象深刻。

10. HyperShot

HyperShot 是 Bunkspeed 公司推出的基于 LuxRender 的即时着色渲染软件。即时渲染技术可以让使用者更加直观和方便地调节场景的各种效果，在很短的时间内制作高品质的渲染效果图，甚至直接在软件中表达出渲染效果。

11. Maxwell Render

Maxwell Render 是 2004 年发布的一款不依附其他三维软件的渲染软件，至今仍在更新。Maxwell Render 突破了长久以来光能传递等渲染技术，采用了光谱的计算原理，是基于真实光线物理特性的全新渲染引擎，按照完全精确的算法和公式来重现光线。Maxwell Render 中所有的元素，如灯光发射器、材质、灯光等，都是依靠精确的物理模型产生的。其记录场景内所有元素之间相互影响的信息，所有的光线计算都使用光谱信息和高动态区域数据，使结果更加逼真。

12. VRay

VRay 是由 Chaos Group 和 Asgvis 公司推出的一款高质量渲染软件，目前比较流行，目前仍在不断更新。基于 V-Ray 内核开发的有 VRay for 3DS Max、Maya、SketchUp、Rhino 等诸多版本为不同领域的三维建模软件提供了高质量的图片和动画渲染。

2.2.3 综合类软件

随着软件技术的发展，越来越多的建模和渲染工具开始集成在一起。这种综合性的工具可以为计算机动画制作、虚拟环境构建、三维游戏等应用提供几何物理建模、真实感渲染、图像视频输出等过程的全部功能。

1. 3DS Max

3D Studio Max 是 Discreet 公司（后被 Autodesk 公司合并）于 1990 年开发的应用于个人计算机平台的三维动画软件，至今仍在更新。3D Studio Max 提供了强大的基于 Windows 平台的实时三维建模、渲染动画设计等功能，广泛应用于广告、影视、工业设计、多媒体制作及工程可视化领域。其前身是基于 DOS 操作系统的 3D Studio 系列软件。在 Windows NT 出现以前，工业级计算机图形制作被 SGI 图形工作站垄断。3D Studio Max+Windows NT 组合的出现降低了计算机图形制作的门槛，首先应用于电脑游戏中的动画制作，其后更进一步参与影视片的特效制作，如《X 战警Ⅱ》、《最后的武士》等。在 Discreet 3DS Max 7 以后，正式更名为 Autodesk 3DS Max，最新版本是 3DS Max 2017。

2. Blender

Blender 是 1995 年开始推行的开源跨平台全能三维动画制作软件，提供建模、动画、材质、渲染、音频处理、视频剪辑等一系列动画短片制作功能，内置绿屏抠像、相机反向跟踪、遮罩处理、后期结点合成等高级功能，还有卡通描边（FreeStyle）和基于 GPU 技术 Cycles 渲染器。其以 Python 为内建脚本，支持多种第三方渲染器。内置的实时三维游戏引擎可以回放所制作的三维互动内容。Blender 为媒体工作者和艺术家而设计，可用于三维可视化，创作电影级品质的视频。

3. Maya

Maya 是 Alias 公司于 1998 年发布的产品，2005 年被 Autodesk 收购其软件所有权，至今仍在更新。Maya 集成了 Alias 最先进的动画及数字效果技术，不仅具有一般三维和视觉效果制作的功能，而且结合了先进的建模、数字化布料模拟、毛发渲染和运动匹配技术。Maya 因其强大的功能在三维动画界产生了巨大影响，已应用于电影、广播电视、游戏可视化等各个领域，且成为三维动画软件中的佼佼者。《星球大战前传》、《透明人》、《黑客帝国》、《角斗士》、《完美风暴》和《恐龙》等很多影片中的电脑特技镜头都是用 Maya 完成的。该软件的最新版本是 Autodesk Maya 2016。

4. UC-win/Road

UC-win/Road 是 2000 年发布的一款图形引擎，2014 年停止更新。该引擎能够通过简单操作构造三维虚拟现实系统，拥有标准数据库、Web · Road 数据库、LandXML 数据交换等实用功能。从线型、断面、地形处理到交通设置、模型设置处理等，有卓越的虚拟现实编辑功能，支持丰富的虚拟现实表示。在道路桥梁的规划、设计、各种公共事业、项目开发中，其作为达成协议的支援工具发挥作用。

5. Unigine

Unigine 是 2002 年开发的、当前十分流行的跨平台实时虚拟仿真三维引擎，其包含逼真的三维渲染、强大的物理模块、丰富的脚本系统、全功能的 GUI 模块、声音子系统，以及灵活的工具。Unigine 提供了专业的三维技术，具有照片级视觉保真度，极致的性能表现降低了对硬件的要求；同时软件支持精细的宏大场景、多通道渲染、丰富的输入输出支持。高效率和良好的架构支持多核系统，使 Unigine 具有高度可扩展性，对多平台类游戏的影响较大。

6. Unity3D

Unity3D 是丹麦 Unity 公司于 2005 年开发的一款让用户轻松创建诸如三维视频游戏、建筑可视化、实时三维动画等互动内容的多平台综合型游戏开发工具，也是一个全面整合的功能强大的游戏引擎。作为一款跨平台游戏开发工具，从一开始就设计成易于使用的产品，支持 iOS、Android、PC、Web、PS3、XBOX 等多种平台。具体特性包含整合的编辑器、跨平台发布、地形编辑、着色器、脚本、网络、物理、版本控制等特性，是当前流行的游戏开发平台。

第 3 章

国内外虚拟现实技术研究现状

进入 21 世纪以来，虚拟现实成为世界主要发达国家抢占信息技术制高点的突破口。美国国家科学基金会（National Science Foundation，NSF）、DARPA 等对虚拟现实的相关研究进行了长期资助，并在军事、航空航天等领域展开应用。美国国家工程院于 2008 年公布了经评选产生的 21 世纪人类在工程技术领域所面临的 14 个重大挑战性问题，“提升虚拟现实的逼真性和应用性”（enhance virtual reality）是其中之一。英国政府于 2006 年 12 月发布了 2015—2020 年 8 个新兴科学技术集群的战略报告，其中 6 个涉及模拟、建模、仿真、虚拟的内容。日本政府于 2007 年 5 月发布了“创新 2025”科技发展战略规划，有 5 个方面的 18 个方向，其中第 5 方面“对世界开放的社会”指出了虚拟现实对未来的重要性。澳大利亚的“超级科学计划”在信息通信技术领域主要发展方向是虚拟训练、实时计算机视觉系统、自动脸部和身体跟踪技术。巴西在虚拟现实领域主要的研发方向包括基于视觉的系统、用于机器人和计算机视觉的软件平台。俄罗斯通过“模拟火星登陆”任务，长期支持为宇航员提供逼真的虚拟现实体验的研究。2014 年，韩国政府发布计划，将与以色列在虚拟现实、太阳能、海水淡化等领域进行合作。我国政府于 2006 年颁布了《国家中长期科学和技术发展规划纲要（2006—2020 年）》，将虚拟现实技术作为信息领域优先支持的三个前沿技术之一。

虚拟现实从技术特征角度，按照不同处理阶段，可以分为获取与建模技术、分析与利用技术、交换与分发技术、展示与交互技术及技术标准与评价体系五个方面。其中，获取与建模技术研究如何把物理世界或者人类的创意进行数字化和模型化，难点是三维物理世界的数字化和模型化技术；分析与利用技术重点研究对数字内容进行分析、理解、搜索和知识化方法，其难点在于内容的语义表示和分析；交换与分发技术主要强调各种网络环境下大规模的数字化内容流通、转换、集成和面向不同终端用户的个性化服务等，其核心是开放的内容交换和版权管理技术；展示与交互技术重点研究符合人类习惯数字内容的各种显示技术及交互方法，以期提高人对复杂信息的认知能力，其难点在于建立自然和谐的人机交互环境；标准与评价体系重点研究虚拟现实基础资源、内容编目、信源编码等的规范标准以及相应的评估技术。下面对这五个方面的国内外研究现状进行具体介绍。

3.1 获取与建模技术

3.1.1 国外情况

对物理世界或者人类创意进行数字化是获取与建模技术的主要研究内容。以数码录音机、数码相机、图像扫描仪和光学字符识别（optical character recognition，OCR）等为代表的一维、二维数字化设备已得到了普遍应用。然而，“数据宇宙”中一维或者二维的数字内容并不能反映真实的物理世界，也不能满足人们对数字内容的需求。

在各种不同三维信息获取设备和技术的支持下，物理世界的数字化正在朝着三维化、精确化、便捷化、大众化等方面发展。这个领域最大的特点是大部分公司规模小但专业性强，专注于虚拟现实的某一个特定方面研制专业化产品，如广泛使用的 Autodesk、3D Max、三维激光扫描仪以及头盔显示器等，这些公司与行业密切结合，特别是与工业、文化、教育以及医学等应用领域紧密融合，在设计规划、训练演练、娱乐展示、教育学习、安全等应用方向发挥了重要作用。

在三维化、精确化方向，获取与建模技术最具挑战性的是复杂物体几何属性、表面属性、运动数据、非刚体变换数据等问题。几何属性的获取及生成主要通过光学和立体视觉的方法。基于光学的几何获取设备在几何测量方面精度已经优于 10^{-2} mm 数量级，其中激光扫描和结构光获取较为成熟。很多厂家可提供不同距离和不同精度的三维扫描仪产品。典型的三维激光扫描产品有 Minolta Vivid 919。主动光采集原理是飞行时间测距法，依靠主动光照射到采集对象上，按照返回光线的先后顺序测量对象的深度信息，典型产品有 SwissRanger SR3000 和 Microsoft Natal 系统等，虽然采集的三维数据精度较低，而且对于物体表面是镜面反射情况也无法完成，但价格相对低廉。

结构光编码测量技术方面，分为时域编码和空域编码，相关技术对比如表 3.1 所示。

表 3.1 结构光编码技术统计对比

种类	编码方式	实现难度	编码效率	编码密度（分辨率）	适用性
时域编码	二值编码	解码简单	很低，不适用于动态测量	较高，利用栅移技术可达像素级	对环境光不敏感，高位编码误差对精度影响较大
	离散多灰度级编码	解码简单	较低	同上	受环境光和物体表面反射率影响较大
	连续灰度编码	解码需解决二义性	较高	像素级，利用插值可达亚像素级	受环境光影响较小，抗干扰性强
空域编码	非正式编码	解码简单	高	较低，由编码纹理决定	对不连续表面测量存在困难
	De Bruijn 编码	解码复杂	高	密度受邻域影响，最高可达像素级	利用当前点和邻域点共同编码，具有一定抗噪能力
	M 阵列编码	解码复杂	高	较低，由 M 阵列尺寸决定	解码需使用邻域信息，对起伏剧烈表面测量难度大
	直接编码	解码简单	较高	像素级编码	受环境光和物体表面反射率影响较大

立体视差法是被动式方法的代表，根据三角测量原理，利用对应点的视差可以计算视野范围内的三维信息。这种方法模拟人的视觉方式，以两台位于不同位置的相机对同一目标分别拍摄两幅图像，得到一组像对。对于目标上的一个采样点，在两幅图像上都成像，根据其在两幅图像中的像点和相机位置，可以引出两条视线，计算它们的交会点坐标，就是采样点的空间坐标。该方法对于特定物体材质等表面属性的获取也达到非常逼真的程度。在一些无明显纹理，或者重复性纹理场景下，由于很难找到像对，基于视觉的几何获取容易失效。

在表面属性的获取方面，很多学术机构和工业界团队都在研发相关捕获设备，主要通过不同光照和视点条件的图像获取物体的表面属性。例如，美国麻省理工学院媒体实验室和哥伦比亚大学的四维相机，将场景的光线和物体进行分离，这样捕获的物体就是一个裸物体，不受捕获时的光线影响。该物体在数字内容创作时可以重新渲染，并在新场景融合。而传统的捕获方式将物体的纹理和当时的光线一起编码成像，这样做难于剔除光线效果。当该三维物体加入到新的场景下时会显得非常不协调。另外，宽视角成像、多谱成像、多焦距成像、高分辨率深度成像等不同成像方式也为数字内容创作提供非常灵活的素材，可以对三维物体进行重新聚焦、重新渲染、重新更换视角。南加州大学、斯坦福大学也就此开展了相关研究。目前对于静态及不透明物体的材质属性获取较为成熟，主要难点在于动态物体或半透明物的表面属性获取。

在人体运动捕捉方面，较为成熟的技术大多基于电动机械、电磁和特殊光学标识等，其中基于标识的系统（如 ViconMX 等）得到了普遍应用，也能获取精确的运动数据，但价格昂贵，在获取多人运动数据时存在较大难度。近年来随着廉价数字相机、加速度传感器的普及，基于视频及少量传感器的无标识人体运动捕捉越来越成为研究热点，部分系统如 Natal 已较为实用，但对于复杂运动数据捕捉及提高精度仍有待进一步深入研究。

在便捷化、大众化方向上，国际上有很多相关的研究。美国斯坦福大学 Abbas 使用 12616 个尺寸为 $1\sim4cm^2$ 的微型镜头，放置于主物镜和 CCD 传感器之间，使得三维相机和现有的便携式数码相机具有相同精巧性。但是，Abbas 的三维测量依据还是基于被动式立体视觉，在无明显纹理、或者重复性纹理的场景下，该方法容易失效。另外，Sony、柯达等公司也推出了精巧的三维数码相机的原型产品。

物理世界三维数字化获取的数字内容往往是比较粗糙的、不完整的，需要精细化的后处理，主要包括无缝拼接和运动捕捉。由于单次采集往往只能得到物理对象的一个视角的三维曲面，因此需要拼接才能得到完整的三维对象。其中，非刚体（如人、猫、狗等）的无缝拼接是较为困难的，目前这一方面的研究工作还较为缺乏。

获取与建模平台是支持数字化内容开发人员进行创作的工具集。随着虚拟现实应用的深入，虚拟场景的表现越来越精细，交互性要求也越来越高，这导致其复杂性迅速增长，给虚拟环境的高效构建带来了极大的挑战。因此，数字内容生成技术的发展主要集中在自动化、智能化和高效率三个方面。

在数字化内容生成的自动化方面，主要采用数字化仪器与设备对物理世界的对象进行自动地获取与数字化表示，涉及物体的几何外形构建、真实感光场采集与构建、角色运动捕获与重构、流体与固体运动的自动化模拟等。其中，几何外形构建技术已较为成熟；光场构建在动态环境和半透明物体等方面仍需要进一步研究；角色运动捕获方面的有标记技术已较成熟，目前的技术发展趋势为非接触式、无标记的高精度运动捕获技术。在基于物理的流固运动自动化模拟方面，斯坦福大学和北卡罗来纳大学分别在流体和固体运动建模方面做了大量的开创性工作，Intel Havok 和 NVIDIA PhysX 则是工业界领先的商业化物理引擎产品，伴随着多核 CPU 和 GPU 的发展，流固耦合仿真正朝着更大规模、更多细节的实时模拟方向发展，成为交互式虚拟现实技术的重要研究方向。

在数字化内容生成的智能化方面，主要涉及虚拟角色的肢体动作、人脸表情和智能行为等。美国华盛顿大学、卡内基梅隆大学等开展了角色肢体动作的前沿性的研究工作，英国牛津大学的研究成果已转移到商业化产品中，铸成了角色动画界领先的商业公司 NatualMotion。人脸的识别与重构技术同样得到了国内外广泛关注，但在多维动态表情的识别与构建方面仍缺乏开创性的工作。虚拟角色的智能行为研究与机器人、人工智能领域有大量交叉，目前仍主要集中于较为简单的寻径、避障，以及特殊情况下的行为建模。具有代表性的产品为 Autodesk 公司的 Kynapse，以及获得过奥斯卡科学与工程奖的 Massive Software。

在数字化内容生成的高效率方面，主要涉及创作的可视化方法和实时表现等。传统的数字化内容创作采用繁琐的人机交互、参数设置及代码编写等方式，不利于快速化内容生产。近年发展起来的基于工作流的可视化内容创作技术，以简洁明了的方式为文化创意人员提供了易用高效的内容创作流水线，实现了所见即所得和所见即所玩的内容创作方式。在三维数字化内容的实时表现方面，大规模动态虚拟环境的场景管理与实时加速技术已较为成熟，具有代表性的产品为 Umbra Software 的 DPVS 解决方案，然而具有大量细节信息的复杂场景的高效建模与实时绘制仍然是当前的难点。

3.1.2 国内情况

我国在几何形状获取与处理、三维激光扫描点云数据的噪声分析与基于噪声分布的三维重建、不完整及稀疏点云数据处理、大规模城市场景中基本形体、重复出现相似几何体，以及对称性结构的快速鲁棒提取、建筑物、树木等城市场景中主要景物三维模型重建算法等关键技术上取得一系列创新成果；采用结构光技术研究三维实时摄像系统，实现了基于一次采集的双模式结构光方法和实时三维摄像的结构光自适应方法；提出了一套完整的实时三维测量检测方案，对实时三维检测中的相关核心算法展开了全面系统的研究；搭建了几何模型库的软件系统框架，其系统核心模块中的支撑算法思想具有国际先进性，并且已在软件系统中实现；在表面属性获取方面，多家单位目前正在研究多维全景动态光场采集技术与系统；在运动捕获系统研发方面已开发了低成本基于标记点的运动捕获系统。

与国际水平相比，国内的输入设备研制在主要关键技术和部分的技术指标方面达到国际水平，但在系统成熟度、稳定性、产业化上需要进一步完善。例如，在轻便型、实用型、大众型三维捕获设备方面的研究显得比较薄弱。与国际已有的三维数码相机原型产品相比，国内在大众化、产业化方面还需要抓紧研发。另外，在可计算性方面的研究也比较薄弱，不能很好地为后端内容创作提供灵活的素材，给数字内容产业效能带来较大的限制。在非刚体（人和动物）三维无缝拼接方面的研究还刚刚起步。数字内容的获取是数字内容产业链的第一个环节，获取设备需要便捷化、大众化，所提供的内容需要灵活化、完整化，才能促使数字内容产业的蓬勃发展。

在数字化内容生成方面，我国动漫产业已经有了一定的发展基础，在“十一五”末期达到 10 万分钟的生产能力，针对卡通动漫，我国已有自主网上协作生产线。在二维、三维内容制作方面，通过国家科技支撑计划的支持，二维动画制作技术已经成熟并得到应用。但在制作效率、制作高质量的三维动漫及基本素材库的建设和可重用率方面还处在研发阶段，整体上尚未形成面向高质量、高效率的完整动漫制作与加工技术服务体系。在三维内容生成方面，通过插件的研究，部分自主，但主要工具仍然被 Autodesk 等公司所占领。通过数字媒体基地的建设，一些专业性的公共服务平台（包括上海基地的集成渲染平台和影视制作平台、湖南长沙的千人动漫协同编辑与制作平台等）先后投入应用。这些公共服务平台正在逐渐对外开放，为中小型企业服务。

近年来，我国数字化内容创作呈快速发展趋势，在企业内部完成了不少自主研发的各种创作工具，逐步形成一定的制作规模。如网络游戏方面，经过几年的引进与消化吸收，目前国内的制作技术已大为提高，与国外先进水平的差距缩小。盛大、金山等公司开发了多款具有自主知识产权的网游作品和网游引擎。游戏引擎是游戏或交互式实时图像应用程序的核心组件，主要包括渲染引擎、物理引擎、碰撞检测、音效、脚本引擎、人工智能与电脑动画等，作为网络游戏的开发引擎还会添加诸如网络引擎等在内的专用系统。在国内游戏开发商们的不懈努力下，国产游戏引擎形成了一定的雏形。北京完美时空公司自主研发的游戏引擎 Angelica，推出了《武林外传》、《完美世界》、《诛仙》等网络游戏，采用 Angelica 2.0 开发的《赤壁》更是博得了众多好评。网龙公司自主研发了 2D、2.5D 引擎，同时重金引入了国外知名游戏引擎——虚幻 3 引擎（Unreal3 Engine）。OverMax 也是一款完全自主的引擎。但总体来说，国产游戏引擎起步较晚。

3.2 分析与利用技术

3.2.1 国外情况

分析和利用技术就是通过对数字化内容的深度分析乃至理解，实现在合适的时间、合适的地点向合适的人传输合适的内容。这也是目前信息处理面临最大的智能挑战。美国国家科学基金会于 2003 年为研究计划 RESCUE 资助了高达 1200 多万美元，此研究的目标是对异质数字化内容进行收集、分析和处理，为政府在紧急情况下提供决策支持。2007 年，又启动了一个新的名为“自举学习”（bootstrap learning）的研究项目，涉及自然语言处理、媒体认知和数字化内容理解等，目的是深层次研究人类认知和理解的机理与过程。美国军方为语言处理技术投入大量资金，尤其重视对汉语和阿拉伯语的研究。相关的大型项目有 TIPSTER、TIDES 和 GALE 等。2006 年 1 月，美国国务院、教育部和国防部联合召开的美国大学校长国际教育峰会，正式推出美国“关键语言”倡议计划，确定了美国国家语言战略的目标。欧盟第七研发框架的合作计划分为十大主题研究领域，共投入 324 亿欧元，其中第 3 个主题研究领域信息通信技术（information and communication technologies）的 4 个方向之一就是数字化内容的管理。日本政府在 2003—2010 年实施了亚洲宽带计划，目标是开发亚洲主要语种之间的机器翻译技术；近年来日本政府还推进了汉日科技文献机器翻译项目计划，用以方便地收集中国的科技信息，了解中国科学技术发展现状。

数字化内容分析和利用技术的难点是理解，即对数字化内容进行语义计算和整合，这也是目前及今后一段时间虚拟现实最为活跃、最具影响力的研究方向之一。在文本语义处理方面，从目前的理论和技术现状看，分词、检索等基本处理已经达到可用阶段，翻译、问答需求大，通用的、高质量的自然语言处理系统的实现仍然是较长期的努力目标。其中针对特殊应用而导致搜索引擎向垂直化等方向发展的根本原因在于自然语言理解、音视频理解的问题一直没有得到解决，因而只能通过基于行业专门知识的技术突破实现精准性搜索。文本主要通过分类技术逼近所谓的语义理解，通过知识工程方法逼近相当于自然语言处理能力的实用系统已经出现。典型的例子有数据库和专家系统的自然语言接口、各种机器翻译系统、全文信息检索系统及自动文摘系统等。

语音识别技术就是让机器通过识别和理解，把语音信号转变为相应的文本或命令的技术。由于语音信号的多样性和复杂性，目前语音识别系统只能在一定限制条件下获得满意性能，或者说只能应用于某些特定场合。语音识别系统性能取决于 4 方面因素：识别词汇表大小和语音复杂性、语音信号质量、单个说话人还是多说话人、硬件平台。语音是当前通信系统中最自然通信媒介。随着计算机和语音处理技术发展，不同语种之间语音—语音翻译将成为语音研究热点。目前，语音识别研究热点是：自然语音数据库设计、语音特征提取、利用语音语料库进行声学模型训练研究、不依说话人和适应说话人声学模型研究、语音识别算法研究、语言翻译、语音合成和对话处理研究等。

随着多媒体技术和网络技术的发展，图像、视频在人类所涉及的数据信息中的比例越来越大，如何进行图像/视频的语义分析与利用是图像检索、Web 分析与模式识别中重要的前沿技术问题。目前的研究主要包括视觉认知计算模型、特征的提取与表示、特征的融合与处理、特征与语义的关联四个方面，分别实现媒体对象的层次化建模与学习、高维异构数据的特征表示、特征的降维与关联、特征到高层语义的映射。但是，目前所提取的特征往往局限于像素级底层特征和局部特征，而以像素形式表示的图像和视频中还隐含了诸如对象的结构、布局、状态等结构性、全局性信息，这些具有语义的中高层特征信息对图像和视频的理解至关重要。另外，底层描述与高层语义之间不是简单、明确的对应关系，例如人们不能从颜色、纹理等底层特征理解一段视频的主题，这也是造成语义鸿沟（semantic gap）的重要原因。此外，面对媒体数据格式异构、内容非结构化、数据量巨大的特点，现有针对特征的处理尚缺乏多层次特征协调、高效的计算技术与方法。因此，图像、视频分析和利用的主要发展方向是：构建更高层次的特征算子，提取中高层特征，建立多层特征与高层语义的多粒度映射和跨媒体数据的关联性，形成高维异构多模态数据的高效计算方法，从而缩小数字媒体理解的语义鸿沟；提取内容的多层次特征信息，建立基于内容时空相关性的内容结构，并将底层特征（如颜色、纹理等）、中层特征（如运动、场景等）和高层语义关联起来，达到理解用户意图、实现更准确快捷的内容分析、检索和浏览。

互联网开放环境下的内容服务取得了很大的进展。互联网搜索引擎是在内容分析基础上的、集成化的内容利用技术。网络搜索引擎在经过通用搜索、垂直搜索等发展阶段以后，正在向整合全球信息的多语言、整合音视频的跨媒体、融合群体智慧的社会搜索等方向发展，需要全面整合机器翻译、音视频结构化分析、自然语言处理等方面的研究成果。这方面的搜索引擎技术难度大，目前尚未形成垄断性的技术和市场。Google、Microsoft 的 Bing、Baidu 的 Box Computing 等正在朝着整合数字内容的方向发展，希望实现高、精、准的个性化搜索服务。

3.2.2 国内情况

内容的分析和利用技术是我国自然科学基金、国家重点基础研究发展计划、国家高技术研究发展计划等重点支持的方向。国家自然科学基金委员会启动了“视听觉信息的认知计算”重大研究计划，国家重点基础研究发展计划先后支持了“数字内容理解的理论与方法”、“可视媒体智能处理的理论与方法”、“数字媒体理解的理论与方法”等项目，国家高技术研究发展计划也支持了多项重点项目。这些项目的实施推动了我国在该领域的研究，产生了一批达到国际水平的成果。

目前研究工作存在的主要问题是与网络化、服务化的结合还不够，部分研究停留在单机算法、过度追求单项技术指标领先的实验室阶段。虽然网络游戏、视频分享网站、虚拟城市等领域的企业发展很快，但是一直处于跟踪模仿阶段，自主创新较少，面临国外企业巨大竞争压力，更难出击国际市场。目前还没有能代表我国在这方面研究积累的重大成果。

3.3 交换与分发技术

3.3.1 国外情况

在互联网规模应用之前，广播电视是提供音视频内容服务的主渠道，20 世纪 90 年代初，广播电视数字化成为数字媒体领域研究开发的重点，美国的 ATSC、欧洲的 DVB、日本的 ISDB 展开了激烈竞争。我国于 2006 年相继颁布了《信息技术—先进音频编码 第 2 部分 · 视频》国家标准（GB/T 20090.2—2006）和《数字电视地面广播传输系统帧结构、信道编码和调制》国家标准（GB 20600—2006），支撑起了自主的数字电视标准体系。以 2009 年 6 月美国关闭模拟电视为标志，全球数字电视转移的潮流已经展开。与此同时，随着互联网带宽的不断增长和终端信息处理能力的快速提高，视频服务逐渐成为网络终端的重要功能，移动终端的视频处理能力越来越强，P2P (peer-to-peer) 提供了高效的媒体分发通道，互联网和移动通信网不仅能够提供传统的广播和点播服务，而且演化出全新的音视频服务模式，正在成长为数字媒体流通的主渠道。

网络内容在服务领域主要针对视音频服务。由于占用带宽大，带来了众多技术挑战，尤其是个性化服务点播模式等新业务的出现，将对内容交换和分发技术提出新的要求。对不同媒体形态的内容进行分析和聚合并在此基础上提供个性化服务，是海量数字内容能否有效利用的关键。已经出现的代表性创新有：采用 P2P 实现数字内容的快速扩散、用户创建内容（user generated content，UGC）的网络下载（如 YouTube）等，这些研发和应用将创造出全新的服务模式和领军企业。

宽带网络和数字媒体技术的快速发展，为数字内容产业提供了更广阔的发展空间，其中电信网、计算机网和有线电视网三网融合是目前国内外讨论较多的话题。美国是较早实现三网融合的国家，有线电视公司凭借 Cable Modem 宽带业务进入电信市场，目前宽带接入及语音传输业务收入已经占美国有线电视运营商总收入的 40%以上，有线电视公司还在进一步尝试开展网络游戏、移动电话等新兴业务。从 2004 年开始，美国各大 RBOC (Regional Bell Operating Companies) 都在积极部署基于光纤接入的 IPTV 业务。从全球来看，英国的三网融合进展是快速并有成效的，主要有广播电视企业与移动网络运营商合作模式、固定电信运营商开展 IPTV 业务模式、移动运营商自行提供的 TV OVER MOBILE 业务模式和一个运营商提供多种业务的模式等。三网融合对数字内容的编码和转换、视听内容跨网传输、开放版权管理和开放媒体市场等提出了全新的技术需求。

三网融合也为数字内容产业发展营造了广阔的创新空间。以高清交互电视为例，通过宽带网络不仅能够提供高清晰数字电视点播服务，还可以接入来自互联网的开放式信息服务和增值服务，从而形成交互数字电视。交互数字电视是数字电视技术和数字信息技术相结合的产物，它把电视传播方式与信息技术集于一身，改变了传统“你播我看”的被动状态，给观众带来了更大的主动权和自由度。目前，交互数字电视能够提供的业务包括两个方面：一是可提供优质的电视图像和更多的视频服务（远程教育、会议电视、电视商务）；二是增加了一些新的交互功能（电视缴费、预约挂号等）。但是，当前的交互功能仍局限于在传统电视播放的基础上增加的电子节目指南和节目定制功能、增强电视功能（补充节目相关的资料和信息），以及一些原来在计算机网络上才能实现的功能，而对节目内容的进一步发掘和利用，尚待数字媒体技术新的发展。例如，受媒体内容理解能力不足的影响，目前还不能根据用户的兴趣选择节目内容片段，不能实现细粒度的个性化节目的定制和推送。最近的交互电视案例是2009年初英国的英国广播公司（BBC）、独立电视台（ITV）、网络供应商英国电信（BT）组成的联盟公布的一个名为“画布”（project canvas）的项目，其最大特点是采用宽带网络（broadband Internet），将单向播出的电视变成双向的互动节目，观众可以通过连接宽带网络的电视机观看高清电视节目、追看已经播出的节目、观看网络视频，将传统的电视节目和网络的互动性结合起来。

开放网络环境下数字内容资源的集成分发和版权保护需要得到更好的解决。网络环境下面向内容服务的处理与管理技术包括内容管理、分发、保护、认证、监管等，日益成为信息技术领域活跃的技术群。防止数字作品非法复制和滥用的数字版权管理（digital rights management，DRM）近十年来得到了广泛关注，国际多媒体标准组织动态图像专家组（MPEG）将DRM称为知识产权管理与保护（intellectual property management and protection，IPMP）。现有数字版权保护的主要措施分为两类：一是以密码和防拷贝技术为基础的版权保护系统；二是在数字作品中加入不可被用户感知的特征数字水印，其缺点是不能防止非法复制，主要用于事后追踪。目前全球范围内已有几十种版权保护标准或技术方法，部分已经产品化，但这些依赖密码技术的封闭性保护方案难以适应互联网开放环境，盗版泛滥的状况并未因为这些保护方案的推出而得到改善，因此近几年来基于媒体指纹的被动保护方案得到高度重视，其主要思路是提取表征作品的标识性特征并建立识别、过滤和追踪系统。另外，随着技术的发展，数字图像与视频内容的可信性日益引起重视，数字图像与视频的鉴伪技术也成为研究的热点。

近年来，信息技术正在经历一次深刻变革：曾经独立存在的信息网络系统正在与物理世界系统通过各种感知通道越来越密切地互联在一起，信息物理系统（cyber-physical system，CPS）、物联网、智慧地球、网络司令部（cyber command）等概念都是从不同的侧面描绘着一个正在浮现的场景——一张时时刻刻感知物理世界一举一动的大网正在形成。如果说采集多种物理信号的传感器网络构成了感知大网的神经末梢，那么正在迅速增长的摄像头无疑是这张大网的千千万万只眼睛。对人类来说，超过70%的信息是从视觉系统获得的，同样对于这张感知大网，摄像头也将成为最重要的信息来源。

视听感知网正在变成现实，作为视听感知物理基础的摄像头正在广泛部署。由于公共管理和公共安全的需要，公共场合的摄像头数量正在以每年 20%的速度快速增长；由于老龄化社会对老弱病残照顾的需要和年轻一代网络视频通信的流行，摄像头正在大量进入家庭。据统计，从 2000 年起，全球摄像终端市场年增长率保持在 50%以上。目前，我国大型城市的摄像头数量基本都在数十万个以上，全国已安装的视频监控摄像头约有 2000 多万个。目前的主要问题是如何将这些分属于不同部门、企业、小区甚至家庭、个人的“千万只眼睛”联成一个“复眼”，为城市管理、隐患发现、应急管理、国家安全等打造一张高效的视听感知网，成为发现安全隐患、提高事故处理速度、敏感场所安全防范的重要基础设施。

3.3.2　国内情况

《国家中长期科学和技术发展规划纲要（2006—2020 年）》中关于信息领域优先发展主题“数字媒体内容平台”的论述中明确指出：“重点开发面向文化娱乐消费市场和广播电视事业，以视、音频信息服务为主体的数字媒体内容处理关键技术，开发易于交互和交换、具有版权保护功能和便于管理的现代传媒信息综合内容平台。”我国数字化内容和文化创意产业与先进国家存在很大差距，其中一个关键因素是我国的数字内容交换和分发基础设施比较落后。就像物流基础设施是市场经济发展的基本平台一样，一个开放、畅通的内容流通平台是开放式内容市场形成和发展的必要条件。

目前我国尚未建立起内容产业发展亟需的，贯穿内容制作、发布、流通与消费过程的资源管理平台、交易平台及传输平台等服务平台。以新兴的动漫产业和网络游戏产业为例，由于缺乏相应的分发渠道支撑，电视播放这一传统渠道还几乎是我国动漫产业的唯一出口。缺乏有效的盈利模式严重地阻碍了动漫产业的发展。网络游戏目前主要采用单一的点卡收费模式，网游这样的内容服务技术与平台的应用主要还局限于企业内部，尚未形成面向社会开放的、可独立运营的公共技术服务架构和支撑体系。唱片业在遭受了网络盗版的打击后，通过移动运营商获得了一些发展空间，但是很快通信运营商开始取代传统媒体公司成为内容流通的控制者，创作者和消费者之间扁平化的内容交易平台并未形成。这些例子都说明，尽管大家都看好以数字内容为主体的新媒体产业，但是由于缺乏开放的内容交换和交易基础设施的支持，我国的数字内容产业链尚未真正形成。

在支撑内容服务的关键技术与标准规范方面，我国已经有明显突破和一定积累。在数字内容编码方面，我国数字音视频编解码技术标准化工作组制定了具有自主知识产权的数字音视频编解码技术标准（AVS），该标准已正式成为国家标准并进入国际标准。已经完成的第一代 AVS 的国家标准名称为《信息技术先进音视频编码》，包括高清晰度视频编码、立体声和多声道音频编码、面向移动多媒体的视频编码和高效语音与音频编码、面向视频监控应用的视音频编码和面向广播电视、IP 网和存储等环境的系统封装流化技术、数字版权保护技术等，并在这些标准的符合性测试、参考软件方面开展了大量卓有成效的工作。第一代 AVS 在达到国际同类标准类似性能的条件下，通过创新的知识产权管理机制，解决了我国音视频制造业和运营业面临的高额专利费问题。最近，AVS 工作组已经开展《信息技术新型多媒体编码》的第二代 AVS 国家标准和相应的国际标准的制定工作，主要针对超高清、三维视频、多种媒体综合服务、实时视听服务等下一代数字内容的特点制定基础性标准。

3.4 展示与交互技术

3.4.1 国外情况

展示与交互是呈现给消费者的最终环节，和谐的人机交互及展示方式是数字内容产品与用户交流与通信的基本手段，也是人类永恒的追求目标。传统的人机交互主要通过鼠标、键盘及操纵杆等设备实现。单一的交互手段存在一定的局限性，实际交互过程中，往往采取融合多种手段于一体的方式，提高交互的准确性与自然性。多通道交互方式是以用户为中心，采用视觉、听觉、触力觉等多通道，实现自然的、智能的、高效的人机交互。多通道交互方式是未来人机交互的主要发展方向。数字化内容丰富的种类使其展示方式也具有多种方式，互联网的发展、终端类型的增多及大众化应用的增长使显示终端、交互方式也发生了重要的变革。近几年国际上涌现出最具革命性的、面向大众的产品包括 iPhone、Microsoft Kinect 和 Surface、Google 可穿戴设备 Project Soli 等。

展示与交互涉及绘制、显示终端、交互方式等诸多方面。在绘制方面，复杂场景及单一数字内容的展示已较为成熟，而在普通硬件平台上展示超大规模复杂场景，特别是含有逼真物理和行为的虚拟场景，成为研究的关注点。二维、三维平面显示终端日益普及，特别是针对桌面式、移动式等计算平台的三维显示器均已出现，但随着对便携式显示装置（如头盔）的需求日益增多，低成本、高分辨率、宽视角的头戴式显示器成为人们追求的目标。高端的沉浸式显示系统，如真三维显示、全息显示等，在技术上具有挑战性。三维鼠标等交互设备日益成熟、普及，沉浸化、便携式交互界面及设备的发展需要综合分析人的心理、交互方式等。

复杂三维场景的绘制技术包括场景的高效组织、模型简化、多分辨率绘制等。随着三维数据量不断增加，海量数据实时绘制成为重要的研究方向，包括外存模型的组织与处理、并行绘制和 GPU 计算等。为了真实刻画弹塑性物体、柔体、流体等运动及变化规律，基于物理的建模和绘制也是近年来的研究热点。英国 Havok 公司、美国 Ageia 公司、CMlabs 公司等都开发了具有特定功能的物理引擎及芯片。大型游戏开发公司都拥有自主开发的专用系统，如开发孤岛危机的 Crytek、开发 Doom 的 ID 等，但绝大多数还是基于 CPU 通用计算的物理引擎。目前国际上比较流行的通用物理引擎有 Havok、Vortex、ODE、Novodex、Takamak 等。其中，ODE 是开源的物理引擎，Novodex 是 PhysX 的前身，被 Ageia 收购之后更名为 PhysX，可以免费用于非商业用途，是应用广泛的物理引擎。

显示设备是信息内容呈现最重要的信息通道，也是系统产生沉浸感的关键设备。传统的二维桌面显示模式无法满足实时多维信息展示的需求，研发三维显示技术和设备是信息内容领域的热点。目前比较有代表性的三维显示方式包括基于 PC 显示器的三维显示设备、基于投影的三维显示设备、自由三维显示设备、头盔显示器、多方位虚像悬浮显示设备、真三维显示设备等。头盔显示器是较常用的显示设备，主要的技术难点在于同时具备高分辨率、大视场角等沉浸感生成要素，以及无眩晕、小型、轻量、低成本等适用性指标。基于体像素（voxel）的真三维显示技术能够满足几乎所有的生理和心理深度暗示，是三维显示的最终目标，但目前研究仍处在萌芽状态。表 3.2 列出了各种三维显示技术及其优缺点。

表 3.2　各种三维显示技术及其优缺点

技术名称	技术分类	描述	优缺点	发展现状
红蓝三维显示技术	平面像元三维显示	将视差的图像分解成红蓝两个通道，在显示时进行融合。使用者佩戴红蓝滤光镜观察三维图像	优点：结构简单，价格低；缺点：需要佩戴眼镜	成熟产品

续表

技术名称	技术分类	描述	优缺点	发展现状
时序分割式三维显示技术	平面像元三维显示	将具有视差的两组图像按照时序交叉显示，使用者佩戴与画面同步的光阀三维眼镜观看	优点：结构简单，可用于普通显示器或投影仪，价格相对低廉； 缺点：需要佩戴专用眼镜，晕眩感强	成熟产品
偏振光投影式三维显示技术	平面像元三维显示	两个投影仪分别投影具有视差的两个画面，两路投影光线具有互相垂直的偏振态。画面投影到金属屏幕表面，使用者佩戴偏振眼镜观看	优点：观察效果良好，可实现大尺寸显示，眼镜价格低； 缺点：投影仪原有亮度损失一半以上，需要佩戴专用眼镜	成熟产品
光栅式裸眼三维显示技术	平面像元三维显示	可控光栅使观察者左右眼看到的画面互不相同并带有视差	优点：使用者无须佩戴辅助设备，价格低； 缺点：分辨率相对较低，对观察者位置有要求，晕眩感强，尺寸有限	成熟产品
凌空投影成像	平面像元伪三维显示	平板玻璃上贴全息膜，或通过喷射高压空气，形成空气密度差异层，构成空气墙。通过投影将画面投影到上述介质形成凌空显示效果，加上适当渲染技术给观察者立体感觉	优点：可实现凌空显示，虚实融合显示； 缺点：伪三维显示，深度感觉差，亮度有限，空气墙图像不稳定	比较成熟，已有产品
悬浮式投影幻像仪	平面像元伪三维显示	通过多块（一般为四块）半反射半透射玻璃，组成倒金字塔，形成多方向可观察的悬浮式幻像仪	优点：可实现大尺寸显示，虚实融合显示； 缺点：伪三维显示，深度感觉差，亮度较低	比较成熟，已有产品
双目三维显示技术	平面像元三维显示	一般以头盔显示器形式，通过两套独立的光学系统，给使用者左右眼提供具有视差的图像，实现三维显示	优点：显示效果良好，沉浸感强，可虚实融合显示； 缺点：需要头戴专用观察设备	已有多种产品，发展方向是进一步提高浸没感、降低成本和轻小型化
高速投影仪＋旋转定向反射镜三维显示技术	伪体元空间三维显示	快速旋转的定向反射镜把高速投影仪投出的不同角度图像反射到不同方向	优点：显示效果好，可方便实现三维图像的遮挡和消隐； 缺点：图像色彩和刷新率受高速投影仪显示芯片性能限制	尚在发展阶段，已有样机
动态全息三维显示技术	伪体元空间三维显示	实时计算数字全息图，显示在空间光调制器上，用参考光再现物光	优点：可方便实现三维图像的遮挡和消隐； 缺点：动态数字全息计算量巨大	尚在发展阶段，已有样机

续表

技术名称	技术分类	描述	优缺点	发展现状
多层液晶真三维显示技术	体像素空间三维显示	用多个液晶屏构成的阵列显示，每个液晶屏幕上显示三维物体的一个断层画面	优点：无运动部件的真三维显示； 缺点：纵向分辨率低，观察角度受限	尚在发展阶段，已有样机
旋转 LED 屏真三维显示技术	体像素空间三维显示	高速旋转一个 LED 显示屏，在不同角度根据需要控制各个 LED 的开关，以光机扫描的形式形成体像素，实现三维显示	优点：高亮度的真三维显示； 缺点：旋转体动量大，机电结构复杂	尚在发展阶段，已有样机
微投影仪阵列＋旋转平面屏幕真三维显示技术	体像素空间三维显示	通过在圆周上分布的投影仪阵列将三维切片图像投影到一个高速旋转的平面投影屏幕上，形成体像素，实现三维显示	优点：有可能实现真彩色、高分辨率、实时动态显示的真三维显示； 缺点：结构复杂，安装调试难度较大	尚属起步阶段，已有样机
高速投影仪＋旋转螺旋屏幕真三维显示技术	体元空间三维显示	通过单个高速投影仪将图像投影在一个高速旋转的螺旋屏幕上，形成体像素，实现三维显示	优点：结构相对简单的真三维显示方案； 缺点：显示深度有限	尚属起步阶段，已有样机
激光等离子体成像真三维显示技术	体元空间三维显示	通过高能激光轰击特殊介质或空气，形成局部等离子体发光，进而形成体像素，实现三维显示	优点：有可能实现高亮度的真三维显示方案； 缺点：技术成熟度低，尚在尝试阶段	尚属起步阶段，已有原理样机

增强现实将计算机生成的虚拟物体或文字信息与用户所观察的真实环境进行融合，从而拓展和增强用户对周围世界的感知能力，三维跟踪与定位技术是虚实融合的主要技术保证。户内外 AR 在跟踪定位方面具有不同的特点，高精度跟踪定位是研究中的难点，一般采用基于视觉或多传感器相结合的方法。最新研究进展有：英国牛津大学采用 SLAM 技术，结合并行运算实现了小范围未知场景的实时跟踪定位，目前重建的场景范围还仅限于办公桌或室内局部区域；剑桥大学利用惯性传感器与视觉测量相融合的技术实现了户外场景（校园范围）的实时无标识跟踪定位；瑞士联邦理工学院将模式识别分类算法应用于自然特征的实时识别和匹配；美国斯坦福大学利用 GPS 初始定位，采用图像快速检索技术识别当前场景，在手机上初步实现了户外增强现实导航功能；德国魏玛包豪斯大学用蓝牙技术定位用户的初始位置，利用物体的颜色特征，采用神经网络方法进行训练和识别，实现了基于手机的博物馆导览系统，展品的识别率可达 92%；奥地利格拉茨大学用 FAST 算子代替 SIFT 特征提取算子，同时改进 Ferns 识别分类算法中树簇

的大小，在手机上实现了 10 帧/秒左右的无标识跟踪定位。

交互技术的研究涉及参与者心理模型、交互方式、用户界面范式等诸多方面。目前三维交互硬件系统已经基本形成体系，一些设备如三维鼠标、数据手套、三维力反馈输入设备等也取得较大进展。便携、沉浸的交互技术是近年研究的重点，如欧盟第六框架支持的项目 IPCity 就是为用户提供一个协同工作环境，研究多通道交互技术，提供包括支持手持设备、直接触摸方式、语音输入等多种交互技术。美国海军研究院研制的面向增强现实的多通道交互系统，主要包括手势识别（5 种手势）和语音命令（约 70 个命令）。在内容人机交互中，文本的生成和语音合成也是关键，全自动的生成面临技术挑战。基本的语音合成、文本生成较为成熟，如语音合成达到普通播音员的水准，而文本生成在机器翻译和对话系统中也取得进步。但随着移动通信和互联网的迅速发展，不同环境和平台下高质量、高表现力和具有情感色彩的需求，对自然口语、文本合成提出了更高的要求，需要更大的技术突破。

3.4.2 国内情况

我国相关高校和科研院所在国家高技术研究发展计划支持下，开展了大规模绘制及物理引擎的研制工作，取得的成果基本能够满足国内应用开发的需求，部分成果达到国际先进水平。例如，能够支持超大规模环境数据（地理数据，其他二维、三维数据和各种属性数据）；能够支持大规模用户并发交互，单台数据服务器可以支持大约 500 个客户端的协同并发交互；能够支持复杂场景数据的实时绘制，达到 GB 级实时绘制；能够对常见自然环境进行逼真绘制。但与国际商业绘制软件产品相比，我国尚未形成稳定的产品，二次开发的易用性不足。

在虚实融合绘制技术方面，对相机实时标定展开了深入研究，成果达到了国际先进水平，特别是在大场景的运动推断结构和三维重建技术方面取得突破，为在自然场景、标识场景及混合场景中实时相机跟踪奠定基础。同时，虚实场景光照混合一致性方面的成果也达到了较高的水平。由于虚实融合绘制属国际前沿研究领域，国内外目前的研究水平基本相当。

在显示技术方面，国内的主要技术发展体现在裸眼三维显示装置和头盔显示器方面，探索了多种三维成像机制，研制了多种三维显示原型装置。其中，360°裸眼三维显示装置的研发从无到有，目前的技术已经达到国外同类设备技术水平，但在可靠性和产业化方面尚需努力。在头盔显示器方面，开展了基于自由曲面光学系统、新一代大视场、轻型透视式头盔显示系统原理样机的研制，多项技术指标优于国外已有专利。在真三维显示技术方面，积极探索了基于高速投影仪和螺旋屏、旋转 LED 屏、多层液晶屏、可变焦电润湿透镜的不同实现方案并取得显著进展，但在技术成熟度方面与国外相比尚有差距。

在人机交互方面，围绕自然、和谐交互这一趋势，在基于视觉、触力觉、传感器交互等方面取得了进展。基于视觉的交互技术主要研究了跟踪定位和手势识别与处理等，在有标识及无标识的跟踪定位方面取得了一些进展，在算法层次上基本与国外水平相当，但作为交互设备而言，其整体成熟度和可靠性需要进一步提高。在多用户交互桌面技术方面，研究了基于不同原理的实现方式，研制了相关设备并推广应用，在技术和设备方面与国际先进水平同步，但在多人多点交互界面内容上需要做更深入的研究。在触力觉交互技术方面，总体上比较侧重触力觉生理、心理实验等理论研究，触力觉装置开发基本处于实验室原理验证阶段，与国外产品相比差距较大。基于肌电传感器的人机交互技术具有新颖性，但在设备使用方便性上需要进一步研究改善。

3.5 技术标准及评价体系

3.5.1 国外情况

建立技术标准和评价体系是推动本领域研究发展并形成产业的重要推动力，具体包括音视频信源标准、内容编码标准、三维互联网标准及面向研究的语言语音通用资源库建设等。

在信源标准方面，由于数字内容种类多、结构差异性大、数据量大，制定标准可有效地进行表示、编码和传输、存储。音视频编解码技术广泛应用于数字媒体的各个应用领域。目前有两个标准化组织在数字音视频编解码标准化方面做出了贡献：一个是国际标准化组织/国际电工委员会第一联合技术委员会（ISO/IEC JTC1）运动图像专家组织（MPEG）；另一个是国际电信联盟远程通信标准化组织（International Telecommunication Union Telecommunication Standardization Sector，ITU-T）。MPEG 组织制定了 MPEG-1/2/4 标准，ITU-T 制定了 H. 261/2/3/4 标准。这两个组织独立工作，又互相合作，共同制定了 MPEG-2（H. 262）标准，联合制定了高级视频编码（advanced video coding，AVC），MPEG 组织将其称为 MPEG-4 第十部分，ITU-T 将其称为 H. 264。不同的视频编码标准针对不同的应用环境。H. 263 针对极低码率的双向通信应用，如视频电话、视频会议等。MPEG-1 针对存储型媒体应用，MPEG-2 针对广播应用和需要高质量视频的应用环境，MPEG-4 针对流媒体和交互式多媒体应用。

图像、视频数据在像素层次基于余弦变换+运动补偿（DCT+MC）的混合视频编码框架已无法满足日益复杂多样的网络视频应用需求。视频信源编码中的信源分析开始从单纯信号级的低层处理层次（如 MPEG-1/2/4 及 H. 261/3/4 中基于像素块的离散余弦变换+运动补偿）转向结构级的中级层次（如 Motion-JPEG2000 基于任意区域的小波变换技术、MPEG-4 中 sprite coding of video），并正在朝语义级的高级层次处理（video adaptation 中故事结构、MPEG-7 中内容描述子和 MPEG-21 中描述用户喜好、网络状况及视频内容 video item adaptation）方向发展。三维信息的传输标准也日益受到重视，从最初的 ISO 国际标准虚拟现实建模语言（virtual reality modeling language，VRML），到 2004 年 ISO 批准的 X3D，以及针对专用网的 IEEE 1278-DIS、IEEE P1516 的 HLA（high level architecture）等标准。目前，针对移动的特点，适用于无线移动的信息内容编码也是研究热点。

鉴于多媒体内容的复杂性和多样性，多媒体语义描述是实现海量音视频数字内容管理的重要手段。MPEG 组织制定了多媒体内容描述接口（multimedia content description interface），简称 MPEG-7，针对多媒体信息的描述标准，使描述与内容本身相关联，能够达到快速高效检索用户所需内容的目的。MPEG-7 提供了一套较为完整的多媒体内容描述标准和解决方案，以及一组多媒体数据描述工具和标准的使用方式，可以对各种不同类型的多媒体信息进行标准化描述，并将该描述与所描述的内容相联系，实现快速有效的搜索。由于 MPEG-7 标准的设计不针对任何特殊应用，只提供了一个通用的框架支持各类应用，因此各种不同应用领域之间的多媒体内容信息的交换和重用更加快捷、方便。总体而言，MPEG-7 制定的框架是好的，但是受音视频内容理解严重不足的影响，很难为框架填充有效的信息，因而无法自动生成有效的媒体内容描述与表示，无法有效发挥 MPEG-7 标准的作用。

在文本和语音的评测方面，美国国家标准与技术研究所（National Institute of Standards and Technology，NIST）在 DARPA 等部门支持下，开展了一系列技术评测工作，在全球范围内吸引了大量的研究工作者参加，产生了巨大影响。这也是到目前为止国际上影响力最大的系列评测。NIST 评测涉及的领域主要包括信息检索、语音识别、机器翻译、信息提取、自动文摘等。

语音识别系列评测影响较大，评测内容包括广播语音、自然语音识别、对话语音识别、会议识别、说话人识别及语种识别等。文本检索会议（TREC）是信息检索领域最有影响力的评测会议，每次参评的课题组超过100个。评测的内容几乎覆盖信息检索的所有领域，包括文本过滤、文本检索、问答系统等。NIST 机器翻译评测是国际上最具有指标意义、影响最大的评测。在 NIST 机器翻译评测中，统计机器翻译确定了其优势地位。在 NIST 机器翻译评测的推动下，出现了一批新的模型和算法，机器翻译的水平逐步提高。信息抽取是将文本、网页等非结构化或者半结构化信息转换成数据库或者表格之类的结构化信息。DARPA 组织的信息抽取评测将美国情报部门的需求以评测的形式进行了合理的抽象和严格的定义，也催生了信息提取这一新兴的研究领域。DARPA 组织了 MUC、ACE 等会议。话题检测与跟踪（topic detection and tracking，TDT）是从连续的文本流（如广播语音识别的结果）中发现并跟踪话题，然后将文本按照话题进行归类。美国 DARPA 根据情报部门的实际需求抽象并提炼出了 TDT 评测任务。多文档文摘的目的是对一组描述同一话题的文档做出一个总的文摘，相应的评测会议是 DUC。

其他一些非官方的评测有：SIGHAN［由国际计算语言学协会（ACL）下的汉语处理特殊兴趣小组举办，国际上最有影响的汉语词法分析评测］、NTCIR（日本举办的跨语言信息检索评测）、CLEF（欧洲举办的跨语言检索评测）、IWSLT［国际语音翻译先进研究联盟（C-STAR）组织的语音翻译评测］、TC-STAR（欧盟举办的欧洲各国语言之间的语音翻译评测）、CoNLL（句法语义分析评测）和 SemEval（语义技术评测）等。

在语言资源建设方面，LDC（linguistic data consortium）受 ARPA 和美国国家科学基金会资助，由宾夕法尼亚大学主持，目的是建造、收集和分发语言资源，用于语言信息处理领域的研究、教学和开发。现已有 100 多所大学、公司和政府部门加盟，各种语言资源 220 种，涉及英文、德文、法文、西班牙文、中文、日文和阿拉伯文等多种语言。在建设和收集语言资源的同时，LDC 还重视资源的共享。到目前为止，LDC 已经向 700 多个单位发行了资源。LDC 在语言资源的大规模建造和广泛分享方面提供了一种全新的机制，极大地促进了相关领域的研究和开发水平的提高。经验表明，有计划地规模开发和广泛共享语言资源，对于语言信息处理的研究和开发具有重要意义。

为了做到语言资源的规模开发和广泛分享，必须有系统、公认的标准和规范。目前国际上已经有很多有关语言资源建设和管理方面的规范与标准，如语料库管理方面的 TEI 和 Multext、语料库多层次标注方面的 ISLE 和 ATLAS、软件平台方面的 MATE 和 NITE、本体知识体系构建方面的 SUMO、术语管理方面的 ISO16642 等。此外，还形成了一些组织和小组从事标准和规范的制订与协调工作，如 OLAC、EAGLES、ALRC 等。为了协调在语言资源建设和管理领域方面的工作，国际标准化组织第 37 技术委员会于 2002 年成立了第 4 分技术委员会（ISO/TC37/SC4），专门负责语言资源建设和管理方面的标准制定和修订工作。新组织的成立迫切需要我国语言资源建设和管理跟上国际步伐，向规模化、规范化和可共享方向发展。

在三维内容方面，如模型、动作、绘制，尚无国际标准。为了对物体的几何模型、人体动作等进行有效利用，国际上构建了众多的三维模型库及检索系统、动作库等。典型系统有：普林斯顿大学的三维模型检索系统，包括三维模型 36000 个，提供二维骨架、三维骨架、样例模型、关键字在内的多种模型检索方式；斯坦福大学的模型库系统，提供了扫描产生的精细复杂几何模型，部分三维模型可免费下载，还提供了内容丰富的动作数据库；AIM@SHAPE 系统提供基于模型样例的搜索，其模型库虽只有 400 余个模型，但提供了适用于不同应用的分类。

3.5.2 国内情况

目前，AVS 已成为形成我国信息技术标准的典范。2002 年，AVS 经信息产业部批准成立。AVS 不仅对数字电视产业至关重要，也广泛应用于激光视盘机、多媒体通信、互联网流媒体等数字音视频产业，其编码效率比传统的 MPEG-2 国际标准提高近 3 倍。AVS 在科学技术部、工业和信息化部、国家新闻出版广电总局、国家发展和改革委员会和国家标准化管理委员会等支持下，按照专利池模式研制标准，获得并共享专利，以应对国外的高额专利使用费，推动产业的发展。

总体上，我国内容基础技术的研发还相对分散和封闭，研发队伍规模较小，没有形成系统、开放的数字媒体关键基础技术支撑和服务体系，难以发挥科技对数字内容产业发展的引领作用，不能带动我国数字内容产业的整体发展。同时，我国对自主技术的应用还缺乏政策的保护与引导，尚未营造出良好的发展环境。就得到政府大力支持的 AVS 而言，产业界能否在中国大规模部署网络电视之前接受这个标准，从而形成上下游通畅的产业链，是未来中国音视频产业是否会重蹈 DVD 产业覆辙的关键。

在基础资源库开发方面，尚缺乏基本的国家规范和标准，三维模型库和素材库开发依然是百花齐放，许多成果难以共享和重复利用，至今没有建立起权威的国家级资源库。

目前虚拟现实存在内容短板，虚拟现实内容稀缺，没有统一标准，各类虚拟现实设备之间还无法实现互联互通，这成为制约虚拟现实大规模产业应用的重要因素。为此，全国信息技术标准化技术委员会于 2016 年 1 月成立计算机图形图像处理及环境数据表示分技术委员会（以下简称图形图像分委会），并召开第一次全体会议，决定成立标准体系、虚拟现实与增强现实、场景数据表示三个标准化工作组。

2016 年 5 月 6 日，由工业和信息化部、新华社指导，工业和信息化部电子工业标准化研究院（以下简称电子标准院）和新华网联合举办虚拟现实和增强现实国家及行业标准征集发布会暨新华网 VR/AR 频道上线仪式。电子标准院与新华网签订了战略合作协议，共同推动虚拟现实和增强现实领域的标准化工作，引导、支持产业良性快速发展。新华网将在官网“VR/AR 频道”和“新华炫闻”客户端开设标准专区，电子标准院将以新华网为平台展示、发布 VR/AR 领域标准制定，并以此发展检测、认证、标准宣贯等业务。

AVS 工作组也将组织各成员单位共同就虚拟现实内容表示、生成、制作、编码、交互、存储、内容分发和显示等关键技术进行探讨，以期为业界制定出先进、高效的 AVS 虚拟现实内容编码技术标准。

第 4 章

社会发展对虚拟现实的需求分析

经过数十年的发展，虚拟现实在许多领域都取得了应用成果。近年来，发达国家政府、大公司等都从行业和大众消费两条战线抢占虚拟现实制高点，对虚拟现实技术发展提出新的应用需求。

4.1 行业领域发展对虚拟现实技术的需求

4.1.1 国防军事

军事仿真是虚拟现实的重要应用领域，多年来一直引领着虚拟现实技术的发展。现代军事装备、现代军事技术和现代战争理论与实践的不断发展，对虚拟现实技术产生了巨大影响。

1. 军事领域虚拟现实应用现状

为适应未来战争发展趋势，打赢信息化条件下的战争，发达国家高度重视虚拟现实技术创新及其在国防军事领域的应用。以美国为例，从早期构建的 SIMNET（1983 年）、STOW（1998）、WARSIM（2000），到近期开展的“红旗军演”、“战斗猎手”、“统一探索”、“一体化训练环境 LVC”、“网电风暴”，以及“全球综合训练环境”、“网络战争和机器人战场”、“未来作战系统”（FCS）、“战争模拟系统”（SEAS）等，美国军队不断强化虚拟现实技术的地位和作用，将虚拟现实作为训练与实战无缝对接的核心技术，利用虚拟现实创造人工合成训练环境，构建逼真的三维虚拟战场，从感官上解决模拟训练的“真实性”问题；利用分布式交互仿真技术，将地理位置上分散配置的模拟设备和系统联为一体，从空间上解决模拟训练的规模化问题；在实战装备内嵌入模拟设备，使受训人员可以在驻地或野战条件下使用武器装备进行模拟训练，从模式上解决模拟训练的野战化问题。

针对信息化武器装备的发展论证、设计制造、运用保障、试验评估，以及不同目标、不同环境、不同战法等复杂背景下的多兵种体系作战能力训练及其综合运用等问题，我国也开展了以虚拟现实技术为支撑的联合作战体系仿真、装备发展论证和装备仿真、军事训练模拟仿真、军事人才培训等方面的研究，研制了"战略×××兵棋推演系统"、"陆军×××复杂电磁环境下战术指挥模拟训练系统"、"分布交互式作战指挥训练模拟系统"、"陆军数字化部队模拟训练系统"和大型网络军事游戏"光荣使命"等，为推动我国军队现代化建设，提升部队战斗力发挥了重要作用，推动了我国军队虚拟现实人才队伍建设，为加快发展我国现代军用仿真体系奠定了坚实基础。

2. 未来战争的发展趋势

军事仿真应用需求一直是虚拟现实技术发展的重要引擎。随着大数据、云计算、物联网、传感器等信息技术的快速发展，未来战争发展趋势和应用需求必将进一步引领虚拟现实技术的深入发展。

与机械化战争相比，未来的信息化战争将呈现以下重要发展趋势。

① 战争行动更为复杂。美国国防部的塞布罗斯基将军判断：未来战争是非线性、复杂和混沌的，确定性更少而涌现性更多；更多强调行为而非实体，更多强调相互关系而非具体事物。因此，未来战争的指挥控制将更高程度地依赖跨越全球的网络（云）来完成，全局态势感知、信息共享、时间集约、空间分散和同步行动，将彻底改写既有作战规则，使得战争准备难度大幅增加。

② 战争节奏更为快速。以往的战争规律总体表现为大吃小、强吃弱，未来则是快吃慢。粒子束武器和激光武器的成熟将使远距离关键目标打击问题迎刃而解；高超音速飞行器将使全球打击时间缩短到 1 小时之内；量子通信技术的成熟将使通信系统的带宽、延迟、信噪比、保密等问题消失；智慧的指挥自动化系统将使反馈和决策时间至少缩短一个数量级。这些技术加快了战争节奏，决定了战争的新形态。

③ 战争空间更为广阔。未来战争空间将向陆、海、空、天、网络、电磁等多维空间扩展，网络攻防、临近空间与太空争夺、激光作战、微波作战、深海攻防等可能成为主要作战样式，并将驱动战争模式、规律、原则等发生巨大变革，进而对虚拟现实技术产生强有力的需求牵引。

3. 军事仿真对虚拟现实技术的需求

虚拟现实技术在军事仿真领域得到了广泛应用，如武器装备及体系仿真、作战规划与仿真演练、指挥与战术仿真训练等，在推动国防事业发展的同时，也带动了虚拟现实技术的不断进步。

进入21世纪，行动更复杂、节奏更快速、空间更广阔的未来战争，对虚拟现实技术提出了新的需求。

（1）大空间、全要素、动态虚拟战场环境高效构建和快速更新

现代感知手段和远程打击技术的发展，使得全球和近地空间有可能成为大规模战场，要求虚拟现实技术要能够适应全球地形及文化特征，从多源数据快速构建虚拟环境；地形、植被、水文、地质、建筑、道路、机场、阵地，战车、火炮、作战人员，电磁、生化、核区域，以及风、云、雨、雪、雾、霾等天候气象等都是战争相关要素，要求虚拟现实技术不仅能够支撑这些要素的视觉、听觉表现，能够对其进行物理建模并表现它们之间的相互作用和实时逼真响应，如火炮、导弹等火力打击造成作战单元、建筑、地貌等的毁损；具备虚拟环境的快速更新和动态调整能力，以表现瞬息万变的战场态势和环境。同时，还要能够进行智能和行为建模，增加计算机生成兵力的逼真性和可信性。

（2）LVC虚实结合与物理逼真的操作控制

L（live），实兵训练，真实的人操作真实装备；V（virtual simulation），虚拟仿真，真实的人操作虚拟装备；C（constructive simulation），推演仿真，虚拟的人操纵虚拟装备，即CGF。LVC虚实结合的军事训练模式，可以结合实兵训练、模拟器训练和推演模拟训练三种训练样式的优势，使训练效果不断向准战场化接近，提高训练的可信度。这种新型训练方式，要求虚拟现实应用系统能够便捷地接入各种实物、半实物和纯数字模拟交互设备，如无人机远程操控台、炮兵射击诸元计算器、各类模拟器、虚拟仪表面板，以及联合系统中传递的数据和通信信号，满足单体和系统级别的高效交互需要，实现物理逼真的操作控制。

（3）宏观和微观一体化的战争态势生成与呈现

新型军事仿真系统应支持战争决策者、指挥员、战斗员同台训练和演练，即战斗员实际操作控制各自的单体武器平台；指挥员综合分析情报和战场态势，排兵布阵，真打实抗；决策者从宏观上纵览全局，进行战争决策和确定战略战法。这就要求生成不同粒度的三维战场实景态势，以及带有军标符号的二维整体态势图，甚至根据不同侧重突出（放大）显示某几类实体的区域、轨迹、编队等，同时，要保持不同态势观察时的平滑顺畅切换和无级缩放，需要虚拟现实技术从基础相机模型、视点选择、聚合解聚、二维三维

联动、非真实感绘制等多方面提供有效支撑。

（4）自主可控的军用基础软硬件平台和工具

我国的军事仿真系统从网络通信、模型构建到视景输出，大多依赖国外大型虚拟现实工具和平台，严重制约了深层次应用推广，甚至会危及国防和国家安全。因此，需要重视虚拟现实相关的软硬件基础设施研制，充分借鉴国际先进技术和平台，立足自主研发，走出“引进—消化吸收—再创新”和自主创新两条路子；强化模型工程，特别是作战对手的作战模型及数据的收集整理，提高军事模型的可用性和可信度；不断创新虚拟现实技术，形成通用和专用虚拟现实技术池，以开放源代码方式增量汇聚国内外研究成果，不断提高我国军用虚拟现实技术的先进性；以虚拟现实技术为核心，建立我国军事虚拟现实应用标准规范和技术体系，研发具有自主知识产权的军用虚拟现实基础软硬件平台和产品，形成自主可控的军用软硬件产品线，并在部队实际应用中不断完善，提高应用系统的实战化水平。

4.1.2　航空航天

1. 航空航天领域虚拟现实应用现状

美国国家航空航天局（NASA）将虚拟现实技术用于哈勃望远镜发射后的修复，并辅助宇航员在零重力条件下完成一系列复杂的空间任务。欧洲空间技术中心和 TNO 实验室开发了基于虚拟现实的训练模拟器。近年来，随着 Oculus Rift、Virtuix Omni 和 Hololnes 等新型虚拟现实设备的涌现，航空航天领域基于这些新设备研制专门面向航空航天的产品，如 NASA 正与虚拟现实眼镜研发公司 Osterhout Design Group 展开合作，探索未来如何在航天任务中使用虚拟现实和增强现实技术，利用虚拟现实眼镜减少前瞻性火星任务的设备负载，降低成本和风险。美国空军也在飞行员中检验 Google Glass 的实用性。此外，SpaceX Dragon 飞船将两部 Microsoft 虚拟现实设备 HoloLenses 送上了太空，这也是 NASA 新计划“Sidekick”的一部分，虽然最终失败，飞船爆炸，但也可以窥见航天领域对虚拟现实技术的高度重视。

国内虚拟现实技术在航空航天领域的应用，主要集中在以虚拟现实技术为支撑的虚拟设计制造、虚拟指挥和模拟机仿真培训等传统领域。研发了一系列的系统平台，如全任务飞行模拟器系统、发动机虚拟设计与实验平台、模拟风洞、空管虚拟塔台系统、无人机航迹规划仿真系统、无人机超视距控制指挥系统、低能见度条件下民航客机增强现实 HUD 系统等，为推动我国航空航天业的发展发挥了重要作用。

2. 航空航天的发展趋势

航空航天产业作为高端装备制造业的典型代表，是国民经济的支柱产业之一。中国在以高速铁路为代表的轨道交通领先世界以后，航空航天必将是下一个处于领先地位的高端装备制造行业。虚拟现实技术将促进这个行业的发展。

（1）航空器和航天器的设计与制造将会更加复杂

航空器和航天器的设计与制造涉及很多专业，需要这些专业人才开展协作。跨区域的全球生产制造模式将更大程度依赖全球厂商开展分布式协同设计、零部件制造、信息共享、组装调试等。

（2）全天候和超视距指挥与监控的需求更为迫切

随着航空航天业的高速发展，航空器和航天器的运行、发射愈发密集，需要全天候和超视距指挥与监控，这对于安全性、可靠性、可维护性等要求也更为严苛。多传感器信息融合技术将航空器、航天器运行态势和环境感知的精准程度大幅提升，使全天候和超视距指挥与监控成为可能。

（3）航天技术的商业化应用更为普及

航天技术将进入大规模开发和利用近地空间的新阶段，航天活动进一步商业化。随着空间组装和检修技术的发展，未来人们将在太空建立永久性航天站、太阳能电站、空间工厂等。在军事方面，太空武器将进入实用阶段。

（4）人员训练需求日趋紧迫

随着航空航天业的高速发展，航空器和航天器驾驶、维护等各类专业人才的需求日益增大。不同于传统的交通工具，航空航天驾驶、指挥和维修面对的环境复杂、危险程度高，全流程的实战驾驶、指挥和维护训练不但耗时长、成本高，而且安全性差。借助虚拟现实技术，可以构造逼真的训练环境，开展训练模拟、指挥模拟、虚拟维护等。

3. 航空航天对虚拟现实技术的需求

21 世纪，航空航天业进入了高速发展期，特别是随着无人机的迅猛发展，以及航天技术的商业化发展，对虚拟现实技术提出了迫切需求。

（1）基于多源信息的虚拟空间环境快速构建和高速更新

随着技术的发展，突破音速的航空器与航天器越来越多，使得人们利用肉眼很难去跟踪和分析航空器和航天器的轨迹，这就要求虚拟现实技术能够根据多个航空航天器自身的信号源和周边的环境数据，进行快速融合并实现虚拟空间环境的快速构建和高速更新。地形、气象、周边航空航天器、电磁环境、障碍物、速度、高度、位置、时间、姿态等都是航空航天器运行的必备要素，要求虚拟现实技术不仅能够支撑这些要素的视觉特性表现，同时能够通过动力学建模来表现其相互间影响及其航迹预判。此外，由于航空航天器运动十分迅捷，周边环境和自身运动信息的更新速度超快，这就要求虚拟现实技术必须具有运算能力超强、连续性超好的虚拟空间环境快速构建和高速更新能力。

（2）航空航天领域虚拟现实设备的轻量化和可穿戴

航空器、航天器的操作人员利用虚拟现实技术将任务，如星图、地图和手册等集成到可穿戴的虚拟现实头盔、眼镜中，大大减少人员负重。为此，要求虚拟现实设备的轻量化和可穿戴。

（3）系统级的集群协作式设计和制造仿真平台

航空航天器的设计与制造涉及不同领域专业的协作设计，必将借助于力反馈设备和实景模拟技术提前开展系统级的性能仿真演示、人机工程学、虚拟装配与维修性评估等工作，使其在虚拟环境中发现、弥补设计缺陷，实现迭代优化和改进，达到缩短开发周期，提高设计质量和降低成本的目的。因此，要求虚拟现实技术具有多平台数据协同、交互、清洗、融合分析和多通道三维显示等技术的有力支撑。

4.1.3 公共安全

公共安全是国家安全、社会稳定的基石。公共安全问题，如恐怖袭击、楼宇火灾、交通事故、人群踩踏、瓦斯爆炸、毒气泄漏等，若处置不当将对人员生命财产等造成严重威胁和巨大损失，给国家造成严重的负面政治影响。美国“9·11”事件给全球公共安全敲响警钟，公共安全形势面临巨大挑战，受到各国政府的高度重视。

为应对可能发生的公共安全问题，开展模拟训练能提高应对公共安全问题的能力，分析和制定突发安全问题的应急预案，增强公众安全防范和灾难意识。真实的应急演练需要耗费巨大的人力和财力，而且存在风险，会对正常的生活和生产秩序造成一定影响，因此训练难度很大。如何利用现有的科学技术手段迅速、高效地开展公共安全问题的研究，制定有效的应急措施，突破传统演练方式的局限，掌握公共安全问题处置过程中的风险控制，为公共安全问题的解决提供决策支持，是目前公共安全领域急需解决的问题。

利用虚拟现实技术开展涉及公共安全的模拟训练，得到了普遍认同和应用。通过虚拟现实技术构造逼真的虚拟环境，可以模拟突发事件，从而有针对性地设定公共安全中相应的处理预案，动态模拟事件发展过程。同时，受训者利用特定装置以自然的方式与虚拟环境中的对象进行身临其境的交互，为公共安全问题的研究提供准确、全面的体验数据，将对制定和优化处理预案起到辅助作用。

1. 虚拟现实技术在公共安全领域的典型应用

虚拟现实技术在公共安全领域的应用主要体现在：对可能出现的公共安全问题，利用虚拟现实技术动态模拟事件发展的过程并预测可能产生的后果；根据虚拟现实模拟的结果对公共完全处置预案进行改进；通过虚拟现实技术重现事故发展过程，分析事故原因，预防类似事件的再次发生。其典型应用包括如下方面。

（1）建筑物火灾逃生训练模拟

近年来建筑物火灾频发，对人员生命财产安全危害极大。火灾造成人员伤亡的原因除火势凶猛外，也包括烟雾量大、建筑结构复杂、被困人员不熟悉逃生路线、缺乏逃生技能等。利用虚拟现实技术构建三维建筑模型和虚拟火灾场景，使受训人员置身其中，进行逃生和人员疏散训练，已经成为建筑物火灾逃生训练的重要手段。

（2）大规模人员密集场所疏散模拟

大规模人员密集场所，如体育场馆、剧场、火车站、机场、学校、医院等，人员组成复杂，对周围环境不熟悉，一旦发生突发事件，将造成无法挽回的灾难。因此，预防因突发事件造成人群踩踏事件的紧迫性和重要性日益突出。利用虚拟现实技术建立疏散空间的虚拟模型，模拟不同情境下人员疏散，搜集紧急事件下人的行为反应，分析应急疏散行为规律，完善现有疏散策略和方案，能够在一定程度上预防和解决大规模人员密集场所人群疏散问题。

（3）矿井安全事故虚拟仿真

人为违反操作规定而导致的矿井安全事故会造成重大人员伤亡和巨大经济损失。真实模拟矿难是不可能的，利用虚拟现实技术生成逼真的虚拟场景，可为矿井安全事故的模拟和研究提供有效的工具。通过模拟与再现矿井安全事故，了解事故产生、发展的整个过程，提高科学管理水平，增强矿井工人的安全防范意识，可预防事故的发生、降低事故带来的损失。

2. 虚拟现实技术在公共安全领域应用中的优势

与传统的公共安全演练相比，基于虚拟现实技术的公共安全演练具有如下优势。

第一，演练成本低。真实的演习不仅消耗巨大，也容易造成环境污染、人员受伤、设备磨损、影响社会生活秩序等，而虚拟现实技术可以有效避免这些问题。

第二，预演方案丰富。虚拟现实可提供多种演练方案，通过虚拟化手段，根据已有素材，利用排列、组合，变换出更为丰富的预演方案。

第三，训练方式便捷。虚拟现实不受环境、地点、时间的限制，可以方便、快捷地进行演练。

第四，评估与分析。虚拟现实技术具有可反复演练和进行评估分析的优势。虚拟演练记录演练全过程，可以反复分析演练过程中出现的问题，及时纠正错误，完善演练方案。

第五，警示与预防。通过虚拟现实技术向公众展示灾难发生带来的危害，教导人们如何避免公共安全问题的发生，以及在危难发生时如何自救等，有助于培养公众自我保护的安全意识。

3. 公共安全领域对虚拟现实技术的需求

现在公共安全呈现出复杂化和多样化的趋势，这给虚拟现实在公共安全领域的应用带来新的技术挑战。

（1）大规模虚拟人群智能建模

在公共安全事故发生和发展过程中，人作为智能主体处于事态发展的核心地位，需要实时、逼真地展示人在危机发生，发展整个过程中的反应与运动状态。现代城市公共场所出现的人群规模可以达到万人数量级，如运动场馆、地铁站、学校、火车站、机场等典型高密度人群场所。大规模人群模拟需要刻画个体在群体中的运动规律，以及个体运动的相互影响，体现群体特有的运动行为，仅依靠单一的数据来源进行大规模虚拟人群建模无法完成任务。如何利用多源数据提高动态人群的智能建模，真实模拟现实场景中人群行为与运动态势变化是公共安全领域对虚拟现实技术提出的需求和挑战。

（2）公共安全事故的动态演化

公共安全事故过程通常伴随一种或几种次生灾害的发生，如火焰、烟雾、水流等，这些自然灾害现象之间相互影响、动态转化，贯穿于整个公共安全事故过程。公共安全事故场景逼真模拟是应急救援和模拟训练的基础，场景的逼真程度直接影响虚拟演练的真实性和后续论证效果。现有的建模方法通常采用比较简单的过程化、实例化模型，仿真效果真实感不强，不能表现不同条件下场景的动态演化和变化。因此，虚拟现实在公共安全领域对于时变动态环境、对象间的交互及其智能动态演化等急需进一步研究。

（3）多尺度混合建模与并行计算

逼真的动态虚拟场景通常需要处理较大数据量，一方面是精细三维模型本身数据量大，另一方面是虚拟场景中对象运动而产生的运动数据计算量大，这导致虚拟环境难以满足模拟的实时性要求。如何与实际问题相结合，通过合理有效的方法，建立与具体场景相关的多源数据联合知识发现模型，对其进行多尺度混合建模，以提高大规模场景的建模算法效率，是扩展虚拟现实技术在公共安全领域中应用范围的有效途径。

4.1.4 装备制造

1. 装备制造领域虚拟现实应用现状

目前，已经有一些大企业使用虚拟现实技术开展产品研发。2009 年 5 月，空中客车公司发起“通过仿真实现具有协同鲁棒工程能力的下一代优化设计”（Collaborative & Robust Engineering using Simulation Capability Enabling Next Design Optimization，CRESCENDO）项目，联合欧洲 13 个国家地区的 59 家科研院所、大学和供应商，对飞机全生命周期的研制体系进行了深入研究，提出了行为数字样机（behavioral digital aircraft，BDA），在分布式数据与流程管理、价值驱动设计、多专业协同建模与仿真、热环境飞机、发动机一体化设计、虚拟试验，以及标准方法与策略等方面取得大量研究成果。

2015 年 6 月，达索公司描绘了一个全新的航空航天与防务工业解决方案，使用高端的三维可视化技术设计并验证飞机座舱。基于达索系统的 3D EXPERIENCE 平台，“乘客体验”使用智能的“建造模块”捕捉规则、机制和制造知识，实现了座舱内饰设计、开发。还研制了培训系统，包括基于网络的课件、基于交互游戏的培训和完全沉浸式的三维可视化课件，提高了培训效率。

我国国家自然科学基金、国家高技术研究发展计划多年来一直支持装备制造业中虚拟现实技术研究。清华大学国家 CIMS 工程技术研究中心建立虚拟制造研究基地；上海交通大学开展了虚拟制造系统的体系结构及制造系统平台的关键技术研究；西北工业大学开展了虚拟设计、虚拟装配、虚拟制造中的可视化产品信息共享等技术研究；哈尔滨工业大学开展了多机器人的虚拟生产平台、虚拟加工检测、虚拟坐标测量等数字化制造技术研究。

虚拟现实技术与系统国家重点实验室（北京航空航天大学）（以下简称虚拟现实国家重点实验室）在国家高技术研究发展计划重点项目“虚实融合的协同工作环境技术与系统”资助下，开展了虚实融合关键技术及其应用研究，提出多层次视力觉空间虚实融合一致性处理、支持大空间可重构力反馈装置和变拓扑精细操作的触力觉交互、基于层次模型的人体变形和基于少量传感器的体感交互、基于内容理解的可保持外观结构特征的建模等方法，以虚实无缝融合为核心、触力觉和体感交互为手段、物体外观结构高效建模为基础，形成一套虚实融合环境构建与交互技术、相关工具和平台，应用于飞机驾驶舱仪表设计、发动机和飞机座椅拆装维护等，取得了良好效果。

2. 装备制造业的发展趋势

德国在其学术界和产业界的建议和推动下，在 2013 年 4 月汉诺威工业博览会上正式提出“工业 4.0”战略（INDUSTRIE 4.0）。其里程碑意义在于可以利用数字化手段在虚拟环境中对未来或运行的生产进行设计、规划和管理。2015 年，我国工业和信息化部大力推动工业化和信息化的深度融合，提出我国未来工业发展的方向，即《中国制造 2025》规划，努力提升我国制造业水平。未来的工业和装备制造业发展将呈现以下趋势。

（1）数字化设计、制造、服务无缝衔接

数字化设计是现代制造业的基础。在不同设计制造过程中，有代表性的数字化设计系统有 CAD、CAM、CAE、CAPP 和 PDM 等。通过综合使用各项数字化技术，将设计、制造，以及服务连接起来，大幅度提高生产效率，提高产品质量，降低成本，缩短研制周期。当前世界领先的飞机制造商、汽车制造商等大量应用数字化技术，今后虚拟现实技术在产品设计、制造、装配，以及售后服务等方面都将发挥越来越大的作用。

（2）利用虚拟生产优化工业和装备制造

在传统工业时代，从产品创意到产品入市，需要经历多个前后串行的阶段。例如，机械装备制造完成后才能进行控制系统的调试。虚拟生产调试为并行化生产提供了可能。在装备制造和安装的同时，真实装备可以用产品数字化模型替代，并将真实数据与之关联，工程师可以进行虚拟安装、调试，这有助于早期发现设计缺陷、降低成本和研制周期。借助虚拟现实技术，可以在真实工厂生产前，在虚拟工厂进行生产模拟，提高生产效率。

（3）装备制造的多元化和服务化

当前社会物质生活、精神生活、价值观念的多元化发展趋势深刻影响着产品的价值要素。随着工业化与信息化的深度融合，人们对于产品的需求出现了个性化倾向，促使工业和装备制造业向多元化发展，同时制造企业逐渐认识到服务的重要性，制造业服务化已成为世界制造业发展的显著趋势。虚拟现实技术为这些趋势提供了可能的技术途径。例如，构建具有视觉、听觉、触觉的逼真虚拟环境，使用户身临其境地感受个性化产品和服务。这些需求将对虚拟现实技术的发展及应用产生强有力的牵引。

3. 装备制造业仿真对虚拟现实技术的需求

当前装备制造业涉及的专业越来越多，设计、制造及服务模式越来越网络化、扁平化，用户对产品功能的定制化、非价值化要求日趋明显，制造业如何快速满足不同客户的需求，成为一个企业能否生存发展的关键。虚拟现实技术在工业产品论证、设计、评估、装配、生产、培训、售后服务等全过程的广泛应用，为解决上述问题提供了新的技术途径。同时，装备制造业的快速发展，也对虚拟现实技术的发展提出新需求。

（1）复杂产品虚拟样机全生命周期建模与仿真

虚拟样机是基于产品计算机仿真模型的数字化设计和制造方法。支持复杂产品设计、制造与服务全生命周期的虚拟样机，涉及产品全生命周期中相关的人员、组织、管理和技术的集成与优化，对传统产品开发方法、技术、工具等方面的研究、开发与应用提出了新挑战。需要重点研究复杂产品多域多维多尺度动态演进建模与仿真理论，复杂产品设计知识物化理论，多学科设计优化理论与方法，复杂产品虚拟样机工程全生命周期管理技术，网络化虚拟制造平台技术，基于知识的产品多学科、异地、协同建模与仿真技术，建模仿真与数字化设计制造的集成技术，同时研究建立面向各领域、各层次的参数化、组件化、通用化的产品与环境模型库等。

（2）设计、制造、服务一体化的智能数字工厂

数字工厂是现代工业化与信息化融合的体现，通过集成、仿真、分析、控制等手段，为制造工厂的生产全过程提供全面管控的整体解决方案。新型

智能化数字工厂具有自组织学习能力，通过模型、知识库及相关规则，进行经验思维、逻辑思维或创造性思维，从而使系统具有智能行为和反应能力，支持快速智能管理和决策，使生产操作更加智能和可控。同时，智能数字工厂还应具有一定的预测能力，可以在投产前进行模拟，检查缺陷，完善设计和生产流程；在工厂运营过程中，对生产计划、生产运营、能源消耗等进行模拟，对工厂运行状态进行描述和预测，以及时发现问题。以上均要求虚拟现实建模、交互、显示技术具有智能性，满足数字化协同、基于虚拟仿真技术的数字工厂和基于制造过程管控与优化的数字车间的发展需求。

（3）自主知识产权的装备制造大型软件平台

国内工业和装备制造领域大量使用国外工业设计和制造软件平台，包括 CATIA、AUTOCAD、PROE、UG、ALIAS 等。国产软件厂商有山东山大华天软件有限公司、广东中望软件科技服务有限责任公司等少数几家，近年来虽取得长足发展，但技术竞争力还难以与国外大厂商抗衡。因此，迫切需要发展自主知识产权的工业和装备制造领域的大型基础软件平台，将数据、业务模型和软件工具相结合，为工业设计、制造、服务全生命周期提供便捷易用、自主可控的软件系统。

4.1.5　城市管理

1. 智慧城市与虚拟现实技术

智慧城市把新一代信息技术充分运用在城市运转、管理的各个方面，是城市信息化的高级形态。实现信息化、工业化与城镇化深度融合，有助于缓解“大城市病”，提高城镇化质量，实现动态精准管理。智慧城市的定义比较多，目前国际上广泛认同的定义是：运用信息和通信技术手段感测、分析、整合城市运行核心系统的各项关键信息，从而对包括民生、环保、公共安全、城市服务、工商业活动在内的各种需求做出智能响应。其实质是利用先进的信息技术，实现城市智慧式管理和运行，进而为城市中的人创造更美好的生活，促进城市的和谐、可持续成长。

一些智慧城市建设的先行城市突出以人为本的可持续创新，例如欧洲联盟启动了面向知识社会创新 2.0 的 Living Lab 计划，致力于围绕市民需求，将城市建设为各方共同参与的开放创新空间，即达到维也纳大学对城市体系评价的六项指标：智慧的经济、智慧的运输业、智慧的环境、智慧的居民、智慧的生活和智慧的管理。目前，智慧城市的建设是信息技术、城市规划等领域的热点问题。

智慧城市相关技术大致可以分为五个层面：感知层、基础数据层、应用服务层、应用层和网络层。网络层对其他所有层均有支持，所以贯穿所有层面；感知层通过各类传感器采集、获取城市静态和动态数据；基础数据层包括对海量数据的组织和管理；应用服务层主要为智慧城市的共性应用提供技术平台工具等技术支撑。应用层则根据具体应用的需求，使用应用服务层提供的平台工具开发面向最终用户的应用程序。

虚拟现实技术可以应用于智慧城市的感知层，获取城市信息，通过对城市相关数据进行建模与可视化，有助于直观地分析城市数据信息，满足用户观看、研讨和交互使用。虚拟现实技术在智慧城市的应用服务层也发挥着重要的作用，因此虚拟现实技术的发展对于推动智慧城市的建设发挥着重要的作用。

2. 虚拟现实技术在智慧城市中的应用

（1）展示与呈现技术在智慧城市的应用

目前，与城市相关的数据展示与呈现技术已广泛应用于智慧城市建设，包括三维城市展示、建筑物信息管理、能源消耗、人群居住与工作分布、娱乐、环境、人群流动、公共安全、公共服务、公共健康、噪声控制、交通管理等智慧城市的各个方面，出现了一些典型的引人注目的应用系统。

伦敦大学的自行车共享地图，可以在线实时显示一个地区任何自行车停放点的剩余自行车数量、空余位置数，方便市民找到最近的自行车租赁点租赁或归还自行车。MIT 的 Sensible City Lab 研发的“实时新加坡”，对新加坡实时数据进行可视化展示。例如，下雨对出租车的影响，预测在不同交通条件下行车的时间变化，人群、货物的到达和离开对热岛效应的影响等。垃圾轨迹可视化系统，展示有地点感应标签的分类垃圾经过长途运输到最后处理的各个环节，对分类垃圾管理和处理有一定的指导意义。旅行时间可视化系统，通过分析地理位置和交通状况等信息，呈现了从城市的某一地点到达另一地点的时间，能够体现某一时间段内城市某个区域的距离移动性。

（2）增强现实技术在智慧城市中的应用

随着智能手机的普及，出现了许多基于增强现实技术的智慧城市应用平台。这些应用为用户提供各种各样的生活服务，如地点导引、指路服务，为旅游者提供更多的当地信息、找车服务、辅助家具布置、查询犯罪高发地点等。

3. 智慧城市建设对虚拟现实技术的需求

（1）面向城市数据更高效的建模与显示技术

城市信息来源多、信息结构复杂、数据量巨大，尤其是动态数据，数据量在很短的时间内就可以积累到GB，甚至TB级。现有的可视化技术实时处理、显示这些数据的难度很大。另外，如何对大数据进行分析，找到其中的规律进行可视化，都是需要进一步研究的内容。

（2）面向复杂环境的增强现实技术

移动终端上的增强现实利用终端所带有的摄像头和GPS采集的数据进行分析、对准和增强。目前只能对简单场景进行处理，如果场景过于复杂，对计算资源要求高，则难以处理，限制了增强现实技术的应用范围。

4.2 大众消费对虚拟现实技术的需求

4.2.1 医疗健康

医疗健康是虚拟现实技术研究的一个重点领域，具有广阔的应用前景。具有可操作、可交互的虚拟医疗系统是集医学、生物力学、机械学、材料学、计算机技术等诸多学科为一体的新型交叉研究领域。

1. 现代医学的发展趋势

（1）现代医学步入基因治疗时代

很多疾病的根源在于基因突变或者基因功能失调。最新医学研究发现如果人类能够将这些失调的基因“关掉”或者将突变的基因“修正掉”，就可以根治目前人类遇到的一些顽疾、绝症。基因疗法正是基于这样的想法，例如新兴的CRISPR/Cas9基因编辑系统同时被全球顶尖的《科学》（*Science*）和《自然》（*Nature*）杂志推举为年度最大科学进展。近年来，Bluebird Bio Inc. 等企业在基因疗法上的成功案例也让人们看到“一次治疗就可根治疾病”的希望。目前得到广泛关注的“精准医疗”也与基因治疗紧密相关。

（2）脑科学快速发展

随着我们对大脑结构和功能的深入了解，与大脑有关的疾病，如抑郁症、自闭症、老年痴呆症等，都不再被认为是无法攻克的难关。低强度的磁脉冲正在被实验用来治疗抑郁症和躁郁症。现在我们知道大脑中“垃圾”蛋白的堆积可能是老年痴呆症和帕金森症的病因，帮助脑细胞“清理垃圾”的治疗方法，有可能阻止或减缓病情的发展。

（3）外科手术机器人广泛使用

近些年，兴起的机器人外科手术在一些手术中已经取代了传统开放手术。手术机器人大幅度减轻医生的手术强度，减少人工操作和手术人员，同时机器人手术比传统手术更加精准。使用计算机控制台进行远程手术，使得医生可以在远离病人的地方进行精密手术，既可以及时救治病人，又降低了医疗费用。

（4）大数据推动健康和医疗档案电子化

医疗系统向电子化、数字化方向发展，智能手机、智能手环和其他可穿戴设备将能够 24 小时收集关于人体的各种数据，同时医疗系统也可更全面地分析、运用这些数据，开展特定人群的健康数据监控与管理。

2. 未来医疗健康领域对虚拟现实技术的需求

进入 21 世纪，医疗技术的发展对虚拟现实技术提出了越来越多的需求。

（1）以三维全息显示为代表的新一代显示及投影技术

三维全息显示技术可以让医生实时看到悬浮在空中的 3D 全息解剖图，医生能从各个角度看到图像，并与之交互。就如同科幻电影中的场景，虚拟人体和虚拟影像的运用将成为医生的现实帮手。

（2）多尺度、个性化的人体几何及物理建模

目前，虚拟现实技术在医学领域中的应用，主要基于人体器官、组织的大尺度结构进行几何、物理建模，以及一定程度的生理建模，进行手术过程的模拟仿真。随着“精准医疗”的提出，人们开始强调通过基因级，分子级的基因组技术，对大样本人群与特定疾病进行生物标记物的分析、鉴定和验证，从而精确地找到疾病的原因和治疗的靶点，并对疾病不同状态和过程进行精确分类，最终实现对于疾病和特定患者进行个性化精准治疗的目的。为了满足这种微观级的模拟仿真，需要将宏观的虚拟医疗技术扩展到针对病人个体及微观尺度。

（3）人体的生理建模及其在新药研制中的应用

针对人体生理结构及过程的建模与仿真，一直是虚拟人体技术研究的难点和重点。该技术的应用可以使得研发人员能够利用虚拟人体试验新药，从而降低新药研发成本，缩短新药研发周期。目前美国已开展了相关研究。

（4）虚拟手术模拟器

针对各类手术，特别是腹腔镜手术、机器人手术等，开发出相应的虚拟手术模拟器，进行手术预演及手术训练，是未来外科医生手术培训的发展方向。

（5）基于生物力学的触力觉反馈机制及传感器

力觉交互与反馈是虚拟手术必备的用户交互通道。在虚拟手术中，操作者需要实时感知虚拟手术器械挤压器官及软组织模型的力觉反馈信息，力觉反馈的质量直接影响医生的感受和判断。在人体器官几何建模和力学建模的基础上，研究各类手术的关键特征和医生的操作行为，建立视觉、运动觉、力觉感知的仿真方法，研究受训医生、虚拟手术器械和虚拟人体器官交互的触力觉反馈机制，研发新的触力觉传感器都是未来虚拟手术领域的研究重点。

4.2.2 电子商务

随着互联网的高速发展，电子商务已经成为以互联网为支撑的集信息流、客户流、资金流、物流为一体的完整贸易过程，即可以改变企业本身的生产、经营、管理活动，会影响整个社会的经济运行与结构。

1. 电子商务发展及虚拟现实技术应用现状

近年来，我国电子商务交易规模一直保持较快增速，自2010年突破4万亿元以来，电子商务交易额每年以2万亿元人民币左右的幅度增长，日益成为拉动国民经济增长的重要动力和引擎。2014年，中国电子商务市场交易整体规模达到12.3万亿元，同比增长21.3%。其中，网络购物所占份额为23%，交易规模为2.8万亿，同比增长48.7%，在社会零售总额中的渗透率首次突破10%。中国已成为交易额超过美国的全球最大网络零售市场，网络购物也成为推动中国电子商务市场发展的重要力量。

传统电子商务的用户界面主要是二维网页，用户难以感受到与现实环境等同的商务体验。借助虚拟现实技术，构建和运营3D电子商城，可以使消费者在选购和试穿试戴商品时感受到与真实环境和真实商品一致的购物体验，可以详细查询商品的多种特征，看、听，甚至触和嗅商品，从而可以更好地吸引消费者。虚拟现实在电子商务上的应用是大势所趋。

随着数字营销机构SapientNitro和虚拟现实平台Sixense的虚拟网络购物技术的发展，上述愿景有望在未来实现。Sixense宣布将与SapientNitro

合作，共同推出名为“虚拟现实 etail”的虚拟现实购物平台。市场和广告业巨头 Publicis 以 37 亿美元参与收购了 SapientNitro，充分说明了虚拟现实的发展潜力。在 SapientNitro 的虚拟购物体验中，用户在计算机生成的虚拟服装展厅里，用虚拟手指触摸按钮，可以选择衣服、鞋子、礼品卡等，所选商品自动加入购物车。在陈列室中央有虚拟人，看中的衣服、鞋等能够在这里模拟试穿。

在建筑领域，房地产开发公司开发了电子商务网站，展示房屋样板。在房屋设计阶段将房屋外形和内部装潢向用户展示，让用户在虚拟场景中进行选择。用户可以利用网络虚拟现实技术，对房屋进行“实地”考察，对小区的环境、房屋的结构，以及门窗位置与开发商进行交流，并提出意见，让开发商进行适当调整，从而提升开发商的生产效率，满足用户对房屋的要求。

虚拟现实技术使用户与三维虚拟场景实现了实时交互，用户在虚拟环境中自由漫游，交互操作虚拟商品，充分地调动用户的视觉、听觉，以及触觉等感官，了解产品信息，使用户有如亲临真实的购物场所。这不但可以降低商家的销售成本，还可以提升消费者的购买欲望，方便用户消费。

2. 电子商务发展趋势

（1）基于大数据的精准营销

随着电子商务的快速发展，各电商企业积累的数据呈几何级数增长。对这些大数据进行有效分析和利用，决定了电商企业未来竞争力。对电商大数据分析，可以获得每一位客户的消费习惯，如他想要什么，喜欢什么等，给用户提出购买建议。大数据分析还可以帮助电商企业厘清市场未来发展方向、消费者采购行为，以及企业营销趋势。以往占领市场靠企业家的市场敏感度，未来则更多依赖于对数据的分析，特别是大数据分析，从而把商品精确地推送给有需求的最终用户。

（2）移动电子商务

研究机构 Juniper Research 的一份报告显示，2013 年移动电子商务交易额为 1.5 万亿美元，到 2017 年，预计将超过 3.2 万亿美元。2014 年，中国移动互联网增长迅猛，“双十一”期间天猫移动端订单甚至超过了 40%。据移动分析公司 Flurry 称，2014 年，生活购物类用户增长速度超过了其他所有类别。淘宝、天猫、京东、亚马逊等电商 APP 安装量大幅度上升；支付宝十年账单数据显示，2014 年，移动支付占比已经过半，同时微信端的微商介入更是移动端超越 PC 端的重要推动力。

(3) 三维电子购物

基于二维平面的服装、家具、家装等商品的展示和陈列方式很难满足用户需求。基于虚拟现实技术实现三维电子购物，不但可实现商品的 360°全方位观看，直观地了解商品信息，而且还可以虚拟试衣、虚拟布设和虚拟装修等，体验商品的适用性和应用效果，在商品展示效果的真实性、互动性、信息丰富程度、说服力等方面具有无可比拟的优势，是电子商务技术发展的重要趋势。

3. 电子商务发展对虚拟现实技术的需求

(1) 多种类商品的多分辨率三维模型快速构建

电子商务中三维模型涉及范围广、种类多，如汽车、家居、服装、鞋帽、玩具、玉器、珠宝、古玩、食品、日用品等。许多模型的精度要求较高，如玉器的材质、古玩的质感和纹路，以及服装的布料特性等，这需要高精度建模。考虑到网络带宽限制，需要在模型精度和传输效率上进行平衡，因此，有必要建立不同分辨率、不同数据量的商品模型。此外，由于模型种类多，对建模工具和方法提出很高要求，即建模时间要短、方法要简单易行。

(2) 大规模三维网络电子商城与高精度对象的同时呈现

电子商务除满足客户挑选和购买商品外，还应提供类似逛街、交流等功能。一方面要呈现与现实世界类似的大型三维电子商城虚拟环境，陈列展示各类商品；另一方面，对每一件服装、珠宝、化妆品等商品，反映其质感、光感和穿戴情况，需要高精度呈现对象的光照、阴影、材质等多种效果，甚至需要表现商品与其他对象与虚拟人体的交互作用，如虚拟试衣等。这要求虚拟现实技术能很好地处理虚拟场景的数据规模和对象真实感间的平衡问题。

(3) 网络多人交互

三维电子商城需要支撑与现实购物环境一致的购物体验，如客户与商品的交互、客户间的交互等。在极端情况下，购物客户众多，与商品交互频繁，客户间互动多的情况下，虚拟现实技术要能够支撑网络通信和人机交互问题，控制网络拥塞，确保关键交互信息的传递，保证用户交互购物流畅。

4.2.3 教育培训

1. 虚拟现实技术在教育培训中的应用

科学技术的进步带动了人类教育与学习方式的巨大变革。随着互联网发展，网络教学已经普及。据统计，美国通过各类学习网站进行学习的人数正以每年300%的速度增长，60%以上的企业通过网络方式进行员工培训和继续教育。斯坦福大学胡佛研究所最新报告预测，到2019年，全美9～12年级的课程中，半数将采取网上授课方式。2010年11月，奥巴马政府颁布“美国2010国家教育技术计划”，强调了虚拟现实技术在学习和学习内容呈现方式改革中的重要性。其中，手持增强现实项目（HARP）是由美国教育部星级学校项目（Star Schools Program）资助，旨在利用增强现实技术促进中学数学和科学素养教学。研究者来自哈佛大学教育学院、威斯康星大学麦迪逊分校和麻省理工学院等，他们设计开发了联系外星人（Alien Contact），在美国东北部的两个初中和一个高中进行实证研究。

目前，国外虚拟/增强现实技术在教育方面的应用主要可分为三类。

① 特定标识物的识别与视频叠加。识别对象基本上都是特制的增强现实卡片，在卡片上叠加显示事先做好的三维图像或视频，实现学习内容的可视化，构建更为真实的学习环境。

② 基于位置的户外游戏式学习。学习者可以在真实的户外学习环境，通过学习者所处的地理位置识别其学习情境，以任务式学习的方法建构知识。

③ 手势识别与动作识别。主要依托Microsoft的Kinect for Windows进行开发，手势识别和动作识别在教育中的应用主要以室内教育游戏为主。

目前，在国外的天文学、化学、生物学、几何学等课程中都能看到虚拟现实应用的成功案例。例如，2004年Liarokapis等在实验中证实，在互动教学中采用虚拟现实技术，有助于大学生理解更为复杂的问题或理论。2006年，Thomas证实了虚拟现实技术丰富了儿童的想象力和认知度，能在其创设的环境中更加自然地开展学习。2007年，Ardito等开发了“Egnathia公园古迹考古”的游戏项目，学习者可以在游戏过程中接触到规划的教学内容，并利用手机、笔记本电脑等分析和记录，同时结合真实的现场与虚拟增强画面对比分析，从而收获知识探索与主动发现的乐趣。2008年，Freitas和Campos开发了SMART（system of augmented reality for teaching）系统，用于小学二年级教学，收到了较好的教学效果。美国布法罗大学虚拟现实实验室研制了青蛙解剖软件。2009 年，BBC 的 Edris 在一项研究中利用虚拟现实技术设计了“地球、月球与太阳的互动游戏”，通过对 10 岁儿童的教学观察与体验，证实了虚拟现实技术是有效的教学认知工具。作为探究式与协作式学习的典型事例，Naliuka 等于 2010 年设计的 Viking Ghost Hunt 系统在很多方面全面超越了 Egnathia 公园古迹考古，在虚实互动方面更具特色，给基于虚拟现实的教育培训提供了有益的启示。

虚拟现实技术在国内教育培训领域的应用也非常广泛。北京航空航天大学开发了虚拟手术模拟器、飞行模拟器及其他交互式仿真方面的虚拟现实系统用于业务培训。浙江大学研制开发了基于人物的电子学习环境（ELVIS），辅助 9～12 岁小学生进行故事创作；北京天文馆构建了虚拟天象异型剧场；中国科学院建立了天文学网络虚拟实验室。2013 年，北京邮电大学利用增强现实技术促进移动学习，设计开发了手机应用程序，应用到微波天线课程中，探究了基于增强现实技术的移动学习在教学中的方法和应用效果。

2. 教育培训产业的发展趋势

随着信息技术、通信技术的发展，网络教育和培训日益普及。其中，虚拟现实技术在创新数字化教育培训模式方面，发挥着越来越重要的作用，势必给教育培训与学习方式带来巨大变革。未来教育培训产业的发展将呈现如下重要趋势。

（1）教育培训内容具有智能性、交互性、趣味性特征

结合具体教育培训内容的需求，虚拟现实、增强现实、人机交互、人工智能等方面的成果将更多地应用于教育培训系统的研发。可以预见，智能型、交互性、趣味性的教育培训工具将会大量出现，并将逐步取代传统的辅助教育培训系统。

（2）教育培训装备向全数字化、虚拟化方向发展

目前常用的多媒体教室及相关教育培训装备向全数字化、虚拟化方向发展。依托虚拟仿真、计算机视觉、图像处理、人机交互等先进技术，构建虚拟教室、虚拟实验室，建立逼真的沉浸式虚拟学习环境，用于实物操作不具备或难以实施的教育培训，或为涉及高危或极端环境中不可及或不可逆操作，或高成本、高消耗、综合性训练等领域，提供可靠、安全和经济的培训。

（3）教育培训模式向移动学习、泛在学习、个性化学习方向发展

未来基于 4G/5G、无线传感器网络等无线通信技术和泛在计算技术构

建的开放性、沉浸式网络学习平台，向松耦合、易集成的体系架构发展，为受训者提供可以摆脱时间和空间限制的、便携的学习平台，充分体现让学习者主动学习、个性化学习和探索性学习的新型教育理念，为实现终身学习体系提供全新的教育培训模式。

3. 教育培训对虚拟现实技术的需求

基于虚拟/增强现实技术的教育培训具有突破时空、实时交互等教学特性，将扩大人类已有的认识领域和知识结构，为探究科学知识提供重要的认知工具，并在产业化推广牵引下，对虚拟现实在智能建模、自然交互、虚实融合等方面的核心技术提出了新的需求。

（1）教育培训所涉及的复杂动态现象的智能建模

无论虚拟实验所涉及的抽象概念、生化过程，还是各类实物操作与应急事件处理培训，都涉及复杂动态现象建模。目前虚拟现实建模主要集中在虚拟环境与对象的固定拓扑几何建模和动力学物理建模。如何建立可变拓扑几何模型、更为全面的物理模型，以及具备“生命力”的智能模型，使得虚拟现实培训系统不但在视觉上有更全面的逼真表达，而且在功能和环境/事件的动态过程表达方面也有逼真的体现，是未来虚拟现实教育培训需要突破的关键技术。

（2）物理世界的动态感知与虚拟环境的进化演化

在虚拟现实教育培训系统中，抽象的信息模型并不能直接为人类所直接感知。例如，生物细胞模型在生命周期下的形态变化、人体器官模型在各类病变下的生理改变、人体面容及身躯的老化、岩石的风化、书画及各类艺术品的退化、户外场景在四季更替中的变化等。为此，需要研究虚拟环境的视觉、听觉、力觉和触觉等感知信息的合成方法，解决物理世界的动态感知、合成信息的高保真性和实时性问题，提高沉浸感，实现虚拟环境与对象模型的进化与演化。

（3）轻量化高沉浸感虚拟现实设备的普适性与经济性

交互性和趣味性是虚拟现实教育培训系统的生命线。为了在教育培训过程中使学习者能够与虚拟世界的对象进行自由交互，需要在教育培训系统中按需集成头盔/三维屏幕显示器、数据手套/数据衣、三维位置传感器和三维声音产生器等虚拟现实交互设备。目前多家跨国公司已投入巨资进行研发，并陆续有普适性与经济性较好的新概念设备问世，我国也应及时布局，为争夺未来虚拟现实教育培训系统的“定价权”做技术准备。

4.2.4　文化娱乐

1. 虚拟现实技术在文化娱乐中的应用

文化娱乐是虚拟现实进入大众日常生活的主要领域，具有巨大的市场前景。2010 年，Microsoft 推出基于体感设备 Kinect 的交互式体感游戏，可实时获取人体肢体运动信息，用于控制虚拟环境中的虚拟替身，提高了用户的沉浸感和游戏的娱乐性。2014 年，Facebook 推出了虚拟现实头盔 Crescent-Bay，整合了显示、声音及 360°头部运动跟踪侦测功能，可实时感知用户的头部姿态，并调整显示画面的视角，得到多款交互式游戏系统的支持。

在增强现实游戏方面，2014 年 Google 发布了增强现实游戏 Ingress，玩家基于智能手机与 GPS 定位系统，在真实世界中的地标性建筑或雕塑等据点上进行多人游戏互动。此外，Google 还推出一款小巧轻便的增强现实设备 Google Glass，可将生成的虚拟场景图像直接投射到用户的眼球。2016 年，Microsoft 推出 HoloLens 全息眼镜，能追踪用户的移动和视线，生成适当的虚拟对象，通过光线投射到用户眼中，实现虚拟对象与现实世界叠加的增强效果，支持用户通过手势与虚拟三维对象交互。

在文化遗产保护方面，欧洲联盟 3D MURALE 项目实现了土耳其 Sagalassos 遗址的虚拟重建、可视化及虚拟展示。美国斯坦福大学的“数字米开朗基罗项目”、加州大学洛杉矶分校的“数字化斗兽场”、弗吉尼亚大学的“古罗马城市数字化”等项目极具影响。日本建设了“唐招提寺：鉴真与东山魁夷艺术”，交互再现寺庙三维模型。以色列戴维森展览中心虚拟重建了希律王圣殿山，包括橄榄山、圣殿山南墙，以及大卫城等众多虚拟景点，重现了公元 70 年被提图斯的罗马军队摧毁前的景象，让每年多达 300 万的游客领略到了圣殿山 2000 年前的盛况。

在非物质文化遗产传承方面，1999 年欧盟启动了以文化遗产数字化为核心的内容创作计划项目。2005 年，英国宣布实施“欧洲文化和科学内容数字化协作行动计划”，以保障公众通过公共平台更好地获取欧洲文化遗产知识，大型文化遗产数字化源共享平台“欧盟文化遗产在线”（European Cultural Heritage Online，ECHO），由英国、法国、瑞士、德国、瑞典、希腊、意大利、匈牙利、荷兰 9 个国家共同发起。2011 年，美国西北大学和澳大利亚德邦大学利用增强现实、运动捕捉等技术将土著人的舞蹈、人体彩绘和居住环境等土著传统文化进行可视化再现，帮助和激发儿童积极参与土著文化传统的探索和互动体验。同年，韩国研究者将增强现实技术应用于被誉为韩国国宝的圣德大王神钟（Bell of King Seongdeok）的数字化展示与互动体验，在圣德大王神钟的现实场景中叠加了与之相关的数字文化信息。2012 年，新西兰坎特伯雷大学人机界面实验室将增强现实技术应用于传统绘画艺术的研究，开发了集教育、娱乐与激发儿童想象力于一体的互动文化创意产品。

在数字博物馆方面，国外研究者将虚拟/增强现实技术应用于博物馆展品的数字化与互动展示。典型的有纽约大都会艺术博物馆、大英博物馆、卢浮宫博物馆、冬宫博物馆、芝加哥科学与工业博物馆（Museum of Science-Industry Chicago）。游客通过移动智能终端详细了解著名画作在具体绘画过程中的着色层次、绘画作品的多光谱捕捉效果等细节。

我国在这一领域也做出了一系列创新工作。2001 年，教育部开展了大学数字博物馆工程，研制了虚拟航空航天博物馆、数字地质博物馆等十几个数字博物馆。后来国家博物馆推出了网上展览系统，故宫博物院研制了虚拟故宫博物馆，上海博物馆提供了三维场景游览、三维藏品展示、绘画技巧介绍。台北故宫博物院建有三维虚拟文物展示系统和数字故宫博物馆。中国科学技术协会设立了虚拟科技馆计划，由中国科学技术馆组织研发了虚拟科技馆，包括虚拟航空、虚拟航天展示等。浙江大学研制了虚拟敦煌莫高窟，北京大学研制了龙门石窟数字化虚拟展示，北京师范大学研发了北京胡同的数字化建模及虚拟展示、兵马俑阵列的交互漫游等系统，西北大学完成了秦兵马俑一号坑、唐小雁塔、司马迁祠的三维虚拟展示，北京水晶石公司在上海世博会上为游客呈现了动态《清明上河图》等。

2. 文化娱乐产业发展趋势

文化娱乐业是虚拟现实发展的巨大动力。虚拟现实技术为游戏、社交、教育、旅游等提供实时、逼真、高精度的三维虚拟环境和高效的交互手段，支持网络环境下多用户的主动和协同参与，丰富了人们的精神文化生活。如何提高娱乐品质，满足大众更高的虚拟世界娱乐需求，将进一步推动虚拟现实技术的进步与产业化。未来的文化娱乐产业将呈现以下趋势。

（1）平行体验时空

用户对娱乐体验的需求将从现在的“人—机”闭环上升为“人—物—机”开环。多用户与环境中物体、计算机生成的虚拟空间形成一个与真实物理空间平行的体验时空，用户、物理对象与数字对象共存，并实时互动，可将虚拟物体融入现实环境，也可将现实物体融入虚拟环境，用户既能与其他用户互动，也能与虚拟对象互动。

（2）高维度多通道感知和交互

为了实现时空中更为逼真的感受，需要在现有视觉感知、听觉感知和运动感知通道的基础上，增加触力觉感知、味/嗅觉感知、温/湿感知和柔韧度感知等，形成高维度感知通道，实现在网络化环境下多种感知属性的获取、传输、重现，并解决虚拟现实环境中的眩晕等问题，实现人、机、物的无缝融合。

（3）轻量级虚拟现实系统

使用更轻巧、更便捷的感知设备高效地构建轻量级虚拟现实系统，并且与以智能手机、智能眼镜、智能手表等为代表的可穿戴设备连为一体，形成个性化的虚拟现实系统。

3. 文化娱乐产业对虚拟现实的技术需求

虚拟现实技术在文化娱乐领域得到了广泛应用，在推动文化娱乐产业发展的同时，也带动了虚拟现实技术不断进步。强调逼真、互动的文化娱乐产业对新一代虚拟现实技术提出了新的需求。

（1）多通道感知和交互的新型装置

虚拟现实系统需要视觉、听觉、触力觉、味/嗅觉等多通道感知。目前，视觉、听觉和运动感知的硬件设备发展很快，但是触力觉、味/嗅觉、温/湿觉、柔韧觉感知等设备离实用化还有相当大的差距。特别是，数据获取精度和使用成本等方面。

（2）多类型感知数据的融合反馈

当前主流虚拟现实系统关注视觉、听觉和触觉感知的融合反馈，但这不能满足用户对多感知反馈的强烈需求。需要通过对触力觉、运动、柔韧觉、温/湿觉、甚至味/嗅觉感知等多感知通道展开数据融合研究，解决用户在使用虚拟现实设备时的全方位沉浸感。

（3）虚拟现实设备轻量化

目前各类虚拟现实设备普遍存在“体大质重”等问题，使用户感觉负重不适。为此，需要采用新材料、新工艺，降低设备重量，在有限大小的空间内，将多种传感器件高度集成，减小设备体积。

（4）自主文化娱乐虚拟现实设备软硬件平台

国内目前研发的虚拟现实设备大多基于国外公司的技术框架，严重制约了自主产品的应用推广。因此，需要投入人力、物力，研发具有自主知识产权的虚拟现实软硬件平台，结合国内实际情况，在应用过程中不断改进完善，逐渐形成自己的行业标准，推动自主知识产权的软硬件平台和交互装置在文化娱乐产业中的广泛应用。

4.3 瓶颈问题分析

综合分析虚拟现实技术在各领域的应用及各领域对虚拟现实新技术的需求可以发现，一方面，虚拟现实技术已经得到广泛应用，另一方面，虚拟现实技术发展尚存在许多瓶颈问题。这些瓶颈问题主要包括面向虚拟现实建模的数据获取和处理方法、设备、工具不完备，支撑虚拟现实建模与仿真的数据不丰富，影响模型构建效率和模型的可信性；虚拟现实建模方法和建模工具的通用性和易用性不强，描述对象和场景几何、物理、生理、动态、演变、拓扑变化等方面的建模方法和工具的不足或欠缺，人工建模强度大、成本高、效率低；虚拟现实交互方法的自然性不强，缺少手势、体姿、表情驱动等自然的交互手段，影响交互的自然性；虚拟现实显示设备的空间感受限，现有虚拟现实头戴设备仍然存在精度不高和眩晕等问题，增强现实头盔只适宜在室内环境应用，裸眼三维显示设备性能需进一步提升，真三维显示还有很长的路要走；缺少自主可控的虚拟现实基础软硬件平台，影响虚拟现实在我国军事和航空航天等重要领域的安全发展；虚拟现实硬件和软件，以及应用系统运行环境的成本较高，一定程度上影响了虚拟现实的普及应用；各领域的虚拟现实技术研究、工具研制及应用系统研发缺少组织协调、产学研衔接不畅、资源共享不足等。

第 5 章

相关技术对虚拟现实的影响

云计算、大数据、移动互联网和移动终端、可穿戴设备与智能交互等技术的快速发展，对虚拟现实产生了重要影响。

5.1 新型网络技术产生的需求与影响

在云计算、大数据、物联网、智慧城市等快速发展的背景下，虚拟现实技术需要与互联网结合，开放、整合现有的数据与计算资源，按用户需要提供个性化服务。在“互联网+”的带动下，产生出新型“虚拟现实+”的应用模式。

将增强现实与增强虚拟环境（augment virtual environment，AVE）这两种虚实融合技术进行比较：增强现实以个人获取的真实世界图像为基础，使得虚拟对象适应用户视点或相机的运动变化，其本质上是面向个人的，适合交互；而增强虚拟环境以虚拟环境为基础，通过三维注册使不同地点采集的二维/三维视觉信息实时融合进虚拟环境，虚拟现实的三维绘制本身就是视点相关的，其本质上是面向空间数据的，适于建立应用服务，因此增强虚拟环境技术更需要和网络结合。现有的相关研究大多是以网络为基础，如前述的远程呈现、远程沉浸等。本节论述基于虚拟现实+视频的网络化虚实融合技术、基于三维角色的网络增强虚拟环境技术、基于云服务的交互式虚拟现实应用技术、移动互联网上虚拟现实技术应用四类新型网络虚拟现实应用。

5.1.1 基于虚拟现实+视频的网络化虚实融合技术

增强虚拟环境技术利用相机捕捉真实对象的图像或三维模型，将图像或三维模型实时注册到虚拟环境中，使增强后的虚拟环境能够表示真实对象的状态，进而与用户进行交互。视频图像增强方法由 Katkere 于 1997 年提出，该方法认为视频信息可以用来创建沉浸的虚拟环境。美国 Sarnoff 公司

Sawhney 等发展了这种方法，不再用视频创建虚拟模型，而是用视频去增强已有的虚拟模型。传统的监控系统采用二维堆叠显示大量视频流，而他们的 Video Flashlights 系统首次尝试把视频图像作为纹理，实时映射到静态三维模型，在图形硬件的支持下将多个已标定相机的视频统一实时渲染，使用户能够以全局的视角统一观察模型和视频，扩展了用户的视域，增强了视频的空间表现力。

2003 年，南加州大学 Neumann 等在 IEEE VR 会议上系统阐述了增强虚拟环境的概念，从表现未来虚拟城市的角度出发，将实时采集的图像数据投影到地形和建筑数据上，实现了随着图像数据变化的动态三维模型效果，如图 5.1（a）所示。在 ACM Multimedia 2010 会议上，麻省理工学院 Camp 等介绍了智能家庭沉浸式系统 HouseFly。该系统使用家居三维模型，把鱼眼相机用于增强虚拟环境系统。用户在观察时，可以看到投影在三维模型上沉浸的多路音视频，从而可以方便地确定视频中人物位置和行走路线等，如图 5.1（b）所示。在 ISMAR 2009 会议上，佐治亚理工学院 Kim 等提出了

（a）南加州大学虚拟城市

（b）麻省理工学院HouseFly

（c）佐治亚理工学院航拍地图增强

图 5.1　增强虚拟环境实例

用动态信息增强 Google Earth 等航拍地球地图的方法，对视频分类处理、增强显示和识别自然现象图像进行了尝试，如图 5.1（c）所示。2012 年，台湾大学 Chen 等建立了 GIS 辅助的可视化框架，融入了多分辨率监控策略，以固定视角的相机提供低分辨图像，球基相机则根据用户交互提供兴趣区的高分辨图像。这些工作在面向三维地图的空间数据可视化方面进行了尝试，说明这类增强虚拟环境技术能够满足超大型地理应用系统的需求，具有良好的应用潜力。

虚拟空间的相机标定与真实空间的标定不同，虚拟空间是真实空间的逼真呈现，其场景模型作为一种标定输入信息已经能够替代真实场景，且能够配合当前相机采集的图像，快速、精确地标定相机。华盛顿大学圣路易斯分校 Abrams 等针对网络摄像头，尝试用少量相关点约束的几何标定方法，将网络摄像头的图像作为纹理实时地展现在三维几何模型上。该方法简单实用，但限于精简模型顶点和固定点数量不多，渲染效果不够理想，如图 5.2 所示。

（a）摄像头图像和多边形　（b）面向相机视图　（c）估计位置和校准

图 5.2　基于相关点约束的几何标定和虚实融合

随着技术的进步，出现了一些商业的增强虚拟环境产品和方案。现有技术都是先用三维扫描仪采集城市的 LiDAR 地形数据，建立三维地形模型，然后注册相机，结合相机数据和存储内容，输出融合的视频显示。例如，美国 Airborne 1、Sentinel AVE 等公司在亚特兰大商业区采用 42 个相机的数据在三维扫描建立的虚拟场景中进行融合绘制，如图 5.3 所示。国内也有一些单位开展视频融合研究，开发视频监控产品。

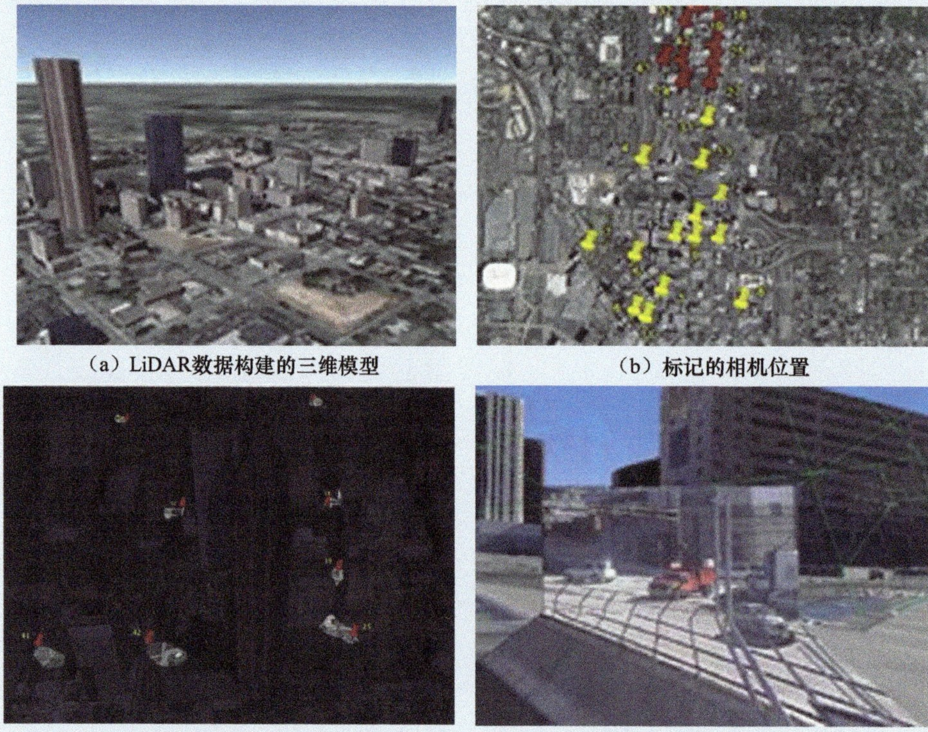

（a）LiDAR数据构建的三维模型
（b）标记的相机位置
（c）相机在三维场景的远景效果
（d）相机在三维边景的近景效果

图 5.3　Airborne 1 公司推出的 Panopticon 3D

虚拟现实国家重点实验室在这方面开展了一系列工作，设计研发了全景相机软硬件系统，建立了虚拟现实视频融合的新型监控平台。该平台支持多类相机的流媒体服务器，对视频同步传输处理，将各类视频采集设备及离线视频抽象成虚拟相机，动态挂载在不同的流媒体服务器上，提供快速的相机标定工具。在街景视图下，可以展现以 360°全景为主、普通视频投影为辅的虚实融合效果，如图 5.4 所示。

（a）全景融合效果
（b）普通视频投影
（c）俯视效果图

图 5.4　校园区域的三维监控平台

5.1.2 基于三维角色的网络增强虚拟环境技术

基于视频图像的增强虚拟环境主要解决多路视频流的时空理解和可视化问题，但视频图像本身还是二维的，无法交互；在视觉效果特别是浏览视点上存在很多限制；在非相机位置的虚拟视点上也存在图像拉伸、扭曲等变形现象。还有一些工作通过实时三维重建技术将真实世界的对象更好地合成到虚拟场景中，突破三维视觉、交互等方面的限制。典型的例子是在远程呈现、远程沉浸系统中加入实时重建的虚拟对象，如虚拟物体、人体姿态、面部表情等。

在这类增强虚拟环境中，目前采用体感交互的虚拟角色代替人体参与到虚拟环境中，与虚拟环境或者其他虚拟角色进行交互。其中，人体姿态的实时三维获取与恢复是难点。Microsoft 公司于 2010 年推出三维体感相机Kinect，为获取人体姿态提供了一种无标记、快速、廉价的解决方案，获取的姿态通过骨骼绑定等多种方式实时地映射到虚拟角色上。清华大学 Ye 等利用多 Kinect 克服了复杂场景中遮挡问题，可以同时捕捉、映射多个虚拟角色。但因 Kinect 自身精度不足，无法做到对手势的精确捕捉，而 Leap 3D 解决了此类问题，其动作识别精度可达到 0.01mm。Microsoft 公司于 2011 年推出了在线视频聊天程序 Avatar Kinect，使用 Kinect 传感器记录面部表情和嘴唇动作，并将其映射到用户的个性动画头像中，动画头像跟随用户的动作和口型做出相似的反应。这些技术已经出现在 Xbox 360 游戏和新版 Kinect for Windows 中。

在虚拟场景中加入三维虚拟化的真实物体难度更大。虚拟角色增强了人体的交互能力，但在表现效果上不够真实，特别是缺乏实时反映真实对象状态的动态纹理。如果没有实时重建的三维模型，直接将物体图像作为纹理投影在虚拟模型表面，会出现压扁、扭曲和部分重叠的情况，使得真实感下降。最新的远程呈现、远程沉浸是基于三维角色重建的增强虚拟环境，采用多个相机从不同角度采集同一区域内的物体，实时三维重建，将位于不同地点的用户或物体模型通过网络共享在同一个三维虚拟环境中，能实现无标记点的人体自由交互，多个用户可突破物理空间的限制，在虚拟环境中协同操作。

法国 INRIA 的 GrImage 课题组于 2007 年设计了基于三维重建的无标记虚实交互系统 GrImage。如图 5.5 所示，GrImage 采用 6 个 PointGrey 工业相机，在 1m×1m×1m 空间内，对无标记物体实时建模，并基于 INRIA 的 FlowVR 仿真平台进行模型嵌入和虚拟环境仿真，实现真实物体与刚体、弹性体或流体等虚拟对象的实时交互。该系统及其后续版本相继在 SIG-

GRAPH 2007、ECCV 2008、VRST 2008、SIGGRAPH 2009、ACM Multimedia 2010 等会议上展示，获得关注和好评。

图 5.5　GrImage 采集装置

GrImage 课题组构建了用户通过不同位置的重建装置进行实时交互的系统，实现了两个用户手部的协同交互。在小型 GrImage 系统研究基础上，该课题组将采集设备扩展为支持多人参与的大型沉浸环境，视频获取系统包括 25 个相机，连接 12 台计算机，相机形成 2m×2m×2m 的空间。采用可视外壳方法及多处理器并行计算对场景区域中的物体实时建模，通过物理模拟和纹理映射完成场景绘制。使用 4 个采集分辨率为 640×480 的相机对运动人体建模，建模时间约 142ms。该系统将多相机三维建模、物理仿真和头盔显示器集成，实现了虚拟环境中全身沉浸和再现效果。图 5.6 给出了大型 GrImage 采集环境及演示。

图 5.6　GrImage 多人采集装置及应用

2011 年 10 月，北卡罗莱纳大学展示了远程再现系统，使用 5 个 Kinect 从不同角度采集人体运动数据，利用 GPU 对采集的深度数据并行处理，构造真实环境和人体三维模型。利用另一个 Kinect 跟踪远程用户，根据远程用户的位置实现人体三维模型的显示。如图 5.7 所示，该系统实时地根据 Kinect 采集的数据构造出真实环境和人体的三维模型，并在真实场景中加入虚拟物体，实现用户与虚拟物体的交互。

5.1.3　基于云服务的交互式虚拟现实应用技术

增强虚拟环境比增强现实更需要与网络结合。在网络应用中，增强虚拟环境系统不仅为用户提供虚拟环境本身的静态精细模型，还传输根据视频等信息构造的三维虚拟模型，因此需要实时修正变形的动态模型。这是与时间相关的三维动态模型的流式传输，传统的基于状态参数的分布式虚拟现实系统无法处理类似问题。

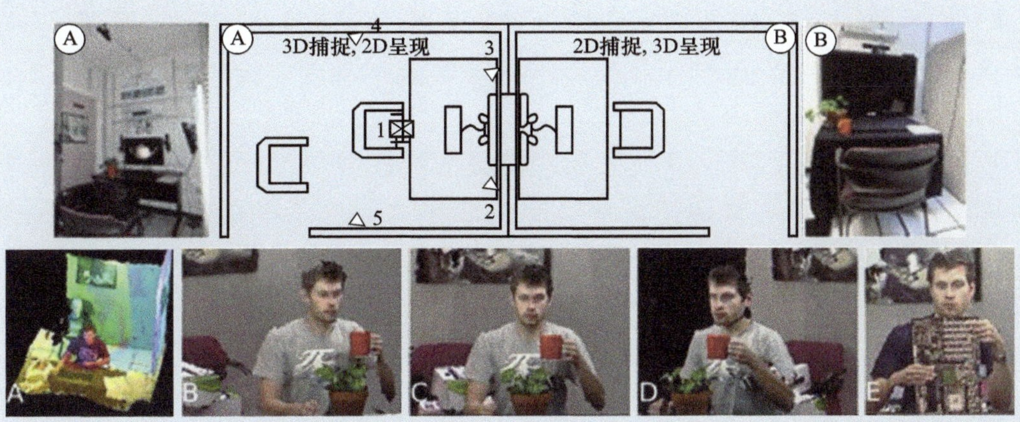

图 5.7　Encumbrance-free Telepresence 系统

动态模型数据量大、纹理多，每个虚拟视点的纹理映射都可能涉及多路实时视频流。另外，就时间序列的几何模型而言，基于三维角色重建的增强虚拟环境还未能探索动态几何模型的时间相关性，目前实时三维重建算法都只能处理孤立帧的模型计算与生成，在实时三维重建技术或网络带宽取得突破之前，动态模型的实时压缩与传输难以提高。然而，近几年基于三维角色的增强虚拟环境技术采用体感交互设备，变形模型的实时流式传输可以视为动态模型传输的一个“弱形式”，特别是移动终端和云计算的兴起，对增强虚拟环境中虚拟角色的物理真实感提高有重要影响。

变形模型的实时流式传输主要面临两个问题，一是模型变形所需的计算开销大，包括时间开销和空间开销，具体取决于变形算法；二是对大数据量实时传输的要求高。因此，主流互联网上交互类应用一般仅限于静态刚体模型。变形的模型序列通常离线生成，然后流式传输、缓冲播放，通过离线处理避免大量变形计算，但同时也失去了交互性。

自 1996 年 Hoppe 提出渐进网格传输方法以来，出现了大量的几何模型渐进传输算法，但只能支持静态模型的流式传输。美国得州大学达拉斯分校在变形模型的交互共享方面开展了一系列研究。2010 年，Guo 基于谱变换方法，将网格在空间域上表示为基矩阵和一系列多分辨率变换矩阵，只传输变形后的谱系数而非完整模型，大大降低了网络开销，初步实现了变形模型的流式传输。Tang 等在 ACM Multimedia 2011 会议上将实时变形模型引入计算性能低的移动设备上，支持小型网格的变形传输，但其模型分辨率是固定的，无法实现不同终端的帧速保障。虚拟现实国家重点实验室在变形模型渐进传输方面开展了研究，结合几何频谱和渐进网格技术，给出一种基于“分解—重建”过程的动态多分辨率变形模型传输方法，可以任意改变模型分辨率而不影响变形传输本身，因此能够在接收方实现动态帧速控制，使得变形质量可以适配终端能力。

在图 5.8 中，心脏模型为交互式模型变形在虚拟医疗研讨中的应用，模型顶点数为 7349，远程用户在共享的虚拟环境中对柔体心脏模型交互变形，并实时共享心脏变形结果；象模型为离线模型动画序列的实时传输效果，模型顶点数为 42321，各网络节点在无需本地缓存的情况下，采用不同的模型分辨率实时同步共享模型动画。图中还表现了变形传输过程中的动态分辨率效果。

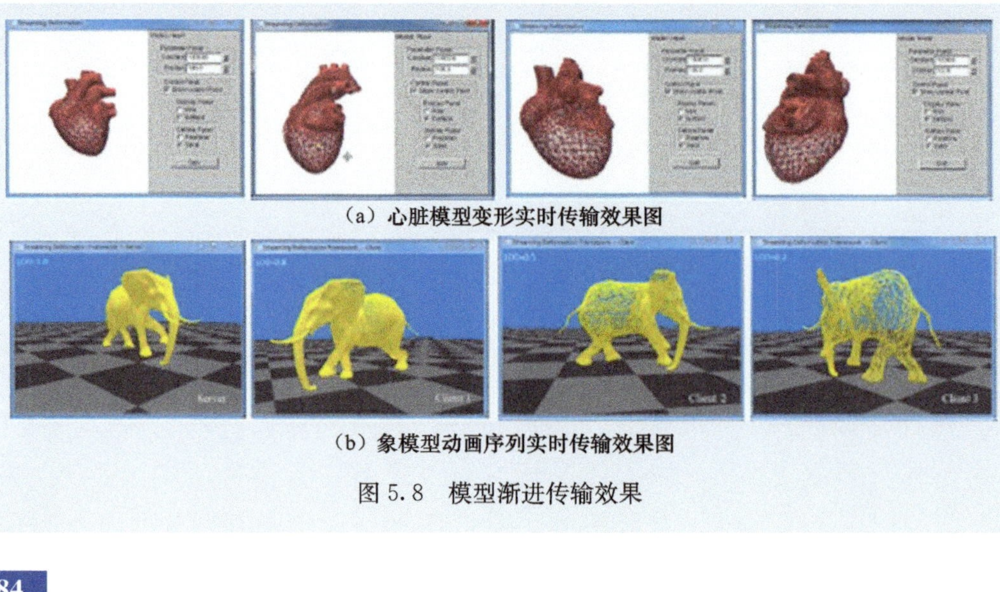

(a) 心脏模型变形实时传输效果图

(b) 象模型动画序列实时传输效果图

图 5.8　模型渐进传输效果

图 5.9 中模型顶点数为 8431，在没有采用动态分辨率的情况下（图 5.9 (a)），动画帧速只能达到每秒 6 帧左右。采用动态分辨率之后，系统根据当前动画帧速自动调整模型分辨率（图 5.9（b)），尽量简化远离视点位置的模型分辨率，减少计算和渲染开销，提高动画帧速。

（a）无帧速控制（每秒平均帧数为6）　（b）帧速控制（每秒平均帧数为18）

图 5.9　动态多分辨率渲染与完全渲染效果对比

云计算将存储和复杂的计算从客户端转移到云端计算服务环境，为复杂的物理特效计算提供新的分布式架构模式。虚拟现实国家重点实验室提出了基于云计算服务的变形模型远程编辑方法，在客户端进行低分辨率的编辑控制，由云服务进行对应操作，返回给客户端实现实时的编辑变形。基于云服务的模型编辑流程如图 5.10 所示。

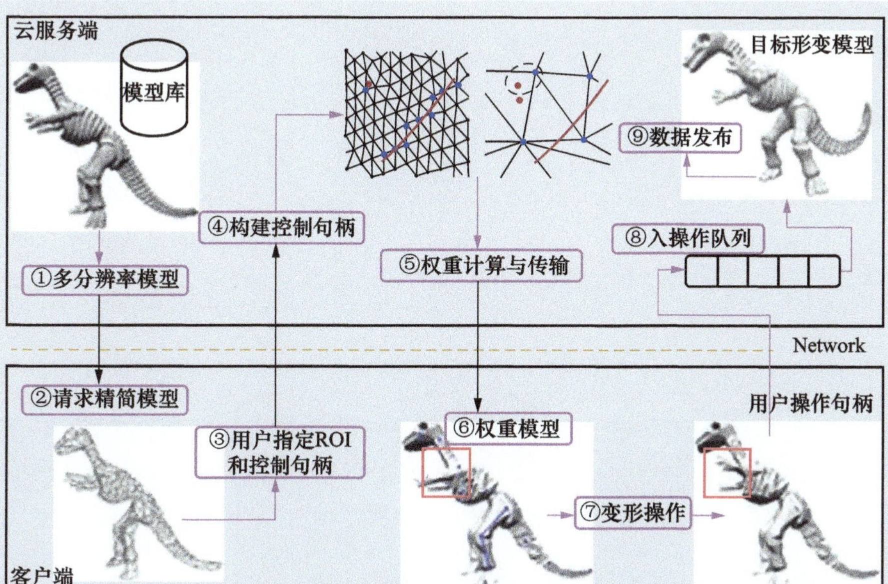

图 5.10　基于云服务的模型编辑流程

在基于云服务的变形计算模式下，用户对替身模型进行变形操作时，无需等待目标高精度模型的变形反馈结果，只需将用户操作句柄通过网络传输到云端，然后由云服务器通过用户操作队列计算目标模型变形。与传统“所见即所得”的变形编辑方式相比，这种基于云服务的模型编辑方式实现了用户交互编辑与目标模型变形结果的分离，既保证了用户客户端编辑操作的交互呈现，又实现了对高精度大模型的变形编辑，可作为云计算模式下虚拟现实应用的一个参考。

5.1.4 移动互联网上的虚拟现实技术

随着移动互联网的兴起，出现了移动设备上的虚拟现实应用系统。法国INRIA的GrImage课题组在ACM Multimedia 2010会议上展示了法国三个城市之间的远程再现三维模型，多个位于不同地点的参与者，包括移动设备用户，能够共享同一个虚拟环境。如图5.11所示，两位参与者以重建的三维模型方式加入共享虚拟环境中，另一位通过二维视频方式加入。三位参与者通过不同终端设备进行交互，展示了具有移动接入支持的多点远程沉浸式交互体验。

图5.11　基于GrImage的三节点远程再现系统

伊利诺伊大学香槟分校的Nahrstedt提出基于颜色—深度LOD的DIBR算法，并在远程沉浸系统中进行用户心理评估，还提出了移动终端的远程DIBR算法，通过两个参考视图可以有效消除三维图像变换所导致的空洞。

随着智能手机的发展，移动互联网增强现实应用（APP）增长迅速。这些APP使用标配的摄像头、陀螺仪、GPS等设备辅助定位，最终以叠加视频图像的方式展示给用户。下面介绍几个典型的APP。

（1）实景识别

Goggles是Google推出的图片搜索应用，利用手机拍照，通过图像识别技术识别地标、标识、条形码和二维码等，也可以识别绘画作品、书籍、

DVD 和 CD 等，将获得的识别信息，经过图像合成，生成新的图像。

（2）户型图绘制

2011 年，加拿大的创业公司 Sensopia 发布了 MagicPlan，用 iPhone 或者 iPad 拍摄室内场景，跟踪摄像头位置，在此基础上测量并绘制出房屋户型图（图 5.12（a））。该 APP 综合使用相机跟踪与手持设备交互技术，在由特征点建立的三维空间中进行测绘。

（3）特效制作

Action Movie FX 是可以制作简单好莱坞电影特效的虚实图像合成工具，内置几种固定的特效，如汽车翻毁、飞机坠毁、导弹打击等，如图 5.12（b）所示。该 APP 捕捉物体运动轨迹，通过图像视频叠加的方法对现实进行特效增强。

（a）MagicPlan：增强现实测量房间户型图　　（b）Action Movie FX：手机特效制作工具

图 5.12　户型绘制与特效制作

（4）基于位置服务的增强现实应用

Wikitude World Browser 是基于地理位置的增强现实系统，通过指南针、摄像头和 GPS，将虚拟信息数据标注到现实世界中。在陌生环境下，用户开启 GPS 定位、拍摄场景，服务器将返回这个场景的相关信息，如附近的酒店、景点等信息。

目前有多个移动增强现实开发引擎或平台，如高通的 Vuforia 平台和 Metaio（2015 年被苹果公司收购）；Obvious Engine 是 iOS 上增强现实框架引擎，使用物体表面的自然特征跟踪相机，可以在大多数光照环境下达到 30 帧/秒的跟踪速度，并且支持 iOS 平台的 OpenGL 和 Unity3D。

虽然移动互联网的增强现实 APP 发展迅速，但应用还非常有限。随着大公司强势介入这一领域并投入巨资，如 Facebook 收购 Oculus、苹果收购

Metaio、Microsoft 发布 Hololens 及启动与 Oculus 合作、Google 发布 Tango 及收购虚拟现实创业公司、Sony 等企业发布虚拟现实头盔等，可以预期，在未来几年，虚拟现实和增强现实应用将有巨大发展。

5.2 可穿戴设备产生的需求与影响

随着材料学、微电子学、计算机技术等的发展，可穿戴设备的形态、功能和性能不断改善提高，近年来出现了许多新型设备，包括可折叠、可贴附、可变形等设备，能够更好地提供围绕人、增强人的普适服务。可穿戴设备是穿戴在人体上，具备先进的电路系统、无线联网及信息处理能力的终端设备。与智能手机相比，它在便携性、续航力方面优势明显，特别是更加自然化，对交互操作的客观约束更少。2013 年被许多媒体称为可穿戴设备元年，认为可穿戴设备将如同 20 世纪 80 年代个人电脑和目前的移动智能终端那样对人类社会产生巨大影响。

国际 IT 巨头大多已部署研发可穿戴设备：Google 率先推出 Google Glass，而后推出 Android Wear 操作系统，以健全可穿戴设备开发体系；Samsung 在智能手表方面密集推出新产品，抢占市场；智能手表 Apple Watch 引起业内广泛关注；英特尔加大与终端企业的合作力度，推广可穿戴设备核心处理器；创新型中小企业 Jawbone、Fitbit、Recon 和 Pebble 等通过融资成长迅速，选择在运动、健康等领域切入自己的可穿戴设备产品；还有一些创新企业通过特定人群的差异化产品开发取得突破，并且获得较好的市场认可。可穿戴设备产业正处于发展期，市场发展前景十分广阔。

5.2.1 智能手环和智能手表

我国企业也正在加快可穿戴设备的战略布局和资金投入，探索差异化细分市场需求，重点开发智能手表、智能手环等产品。智能手表包括果壳电子 GEAK 手表、优美通讯 Omate 手表、映趣科技 inWatch、智器电子 Z-Watch 等；智能手环包括小米手环、Baidu 咕咚手环、滕海视阳体记忆手环等。然而，与国外同类产品相比，以上产品创新不足且有同质化趋势。相比之下，我国厂商在细分市场应用服务方面较为出色，360 儿童卫士、宝宝树智能手表等针对儿童或孕妇的产品引起市场关注。

5.2.2 头盔显示器

1. 头盔显示器发展现状

虚拟现实系统强调将用户的感官与现实世界隔离而沉浸在一个完全由计算机生成的虚拟环境中，这就需要借助将用户视觉与现实环境隔离的显示设备，即沉浸式（虚拟现实）头盔显示器。增强现实系统是将计算机产生的虚拟对象与真实环境融为一体，以增强用户对真实环境的理解，因此需要借助能够将虚拟环境与真实环境融合的显示设备，通常采用透视式头盔显示器。

Sutherland 在 1965 年设计的光学透视式头盔显示器和 1968 年设计的立体头盔显示器是最早的头盔显示器设备（图 5.13）。后来的透视式头盔显示器，如 VCASS 系统、Tilted Cat HMD 和 CAE Fiber-Optic HMD 等都是光学透视式头盔显示器（图 5.14）。

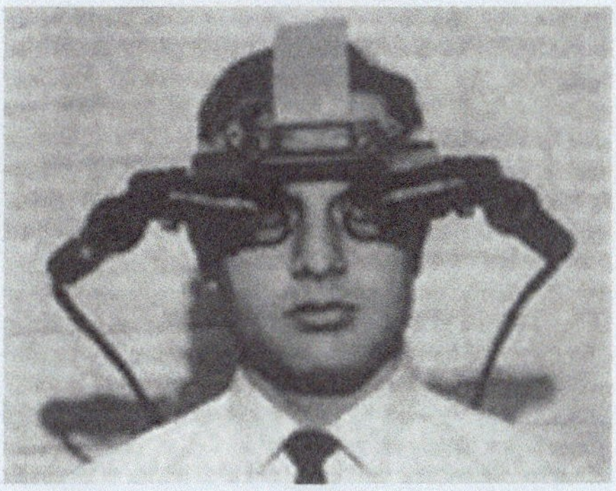

图 5.13 Sutherland 设计的头盔显示器

目前，国际市场上生产头盔显示器的厂家及其主要产品如下。

(1) Kaiser Electro-Optics

Kaiser Electro-Optics 公司是最早、最著名的头盔显示器生产厂商之一。ProView™ XL 系列头盔显示器是该公司生产的高档虚拟现实头盔显示器，如图 5.15 所示。根据其对角线视场分为 XL35 和 XL50 两种，支持全彩色 XGA（1024×768）输入，垂直刷新频率为 60Hz，瞳孔间距 55～75mm 可调，亮度可调，对比度较高，质量为 35oz[①]。

① 1oz=28.349523g。

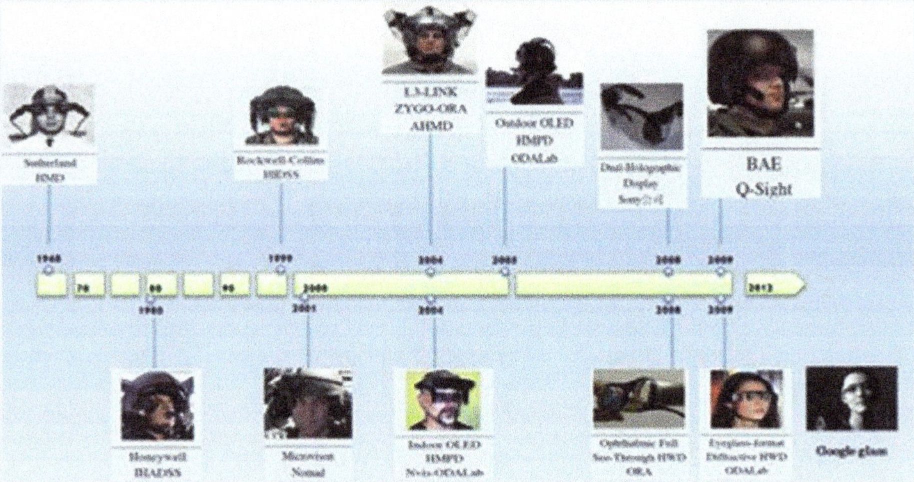

图 5.14　头盔显示器发展里程碑

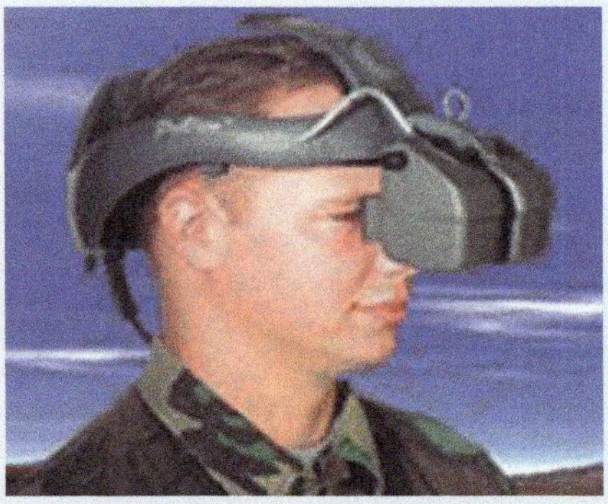

图 5.15　ProView™ XL 系列头盔显示器

(2) Virtual Research

Virtual Research 公司是研制中档头盔显示器的著名公司之一。该公司生产的 V4、V6 和 V8 头盔在我国用户较多。图 5.16 所示的 V6 和 V8 头盔显示器采用 640×480×3 像素的 LCD，支持 VGA 输入，刷新频率为 60Hz，对比度达到 200∶1，对角线视场为 60°，配有立体声耳机。其中，V8 头盔显示器的瞳孔间距 52～74mm 可调，质量为 1.0kg；V6 头盔显示器的质量为 821g。

(3) Virtual I/O

图 5.17（a）和（b）为 Virtual I/O 公司生产的 i-glasses™ LC 和 i-glasses™ LCB，其中 i-glasses™ LCB 是低端产品的代表，使用 18 万像素 LCD，支持 S-Video、NTSC 输入，视场角为 30°，质量为 226g。图 5.17

(c) 为 i-glasses™ SVGA，它是 Virtual I/O 公司推出的高清晰度、大视场头盔显示器，支持 SVGA、PAL、NTSC 输入，24 位颜色深度，分辨率为 800×600，对角线视场角为 27°，刷新频率为 120Hz，出瞳直径为 6mm，出瞳距离 17mm，质量小于 200g。

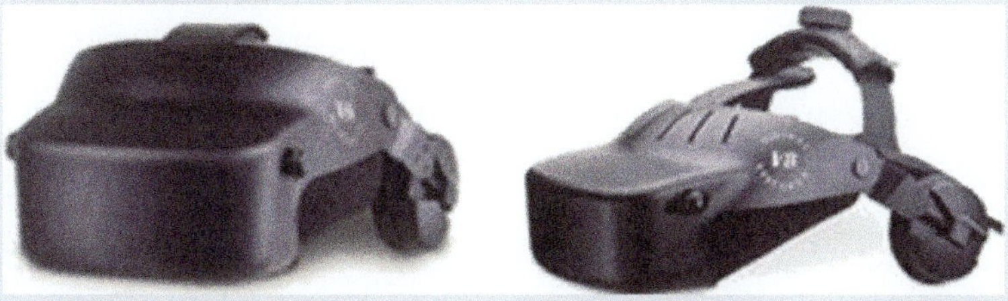

图 5.16　V6 和 V8 头盔显示器

(a) i-glasses™ LC　(b) i-glasses™ LCB　(c) i-glasses™ SVGA

图 5.17　Virtual I/O 公司的头盔显示器

(4) Fifth Dimension Technologies

Fifth Dimension Technologies（简称 5DT）是专业虚拟现实公司，主要研发、生产虚拟现实硬件设备、系统软件等。其头盔显示器产品主要包括（图 5.18）5DT HMD 800 和 Cy-Visor 系列。

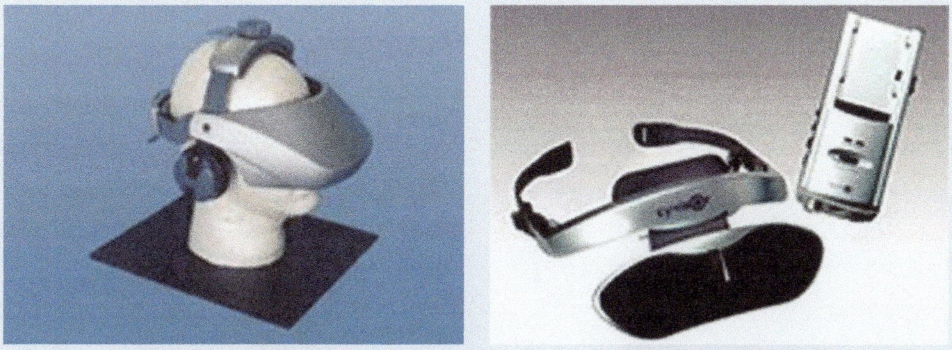

(a) 5DT HMD 800　(b) Cy-Visor系列(DH-4400VP)

图 5.18　5DT 公司的头盔显示器

5DT HMD 800：支持 SVGA、PAL、NTSC 输入，单眼分辨率达到 800×

600×3 像素，视场角为 28°×21°，配有高保真立体声耳机，质量为 594g。

Cy-Visor 系列：第一款采用反射式 LCOS（基于硅片的液晶器件）的 SVGA 头盔显示器。其中，DH-4400VP 使用了 144 万像素的 0.49in LCD，支持 VGA/SVGA、NTSC/PAL、S-VHS 输入，瞳孔间距可调，对角线视场角为 31°；视觉感受如同在 2m 距离处观看 44in 画面；可调节亮度、对比度、锐度及色调等。

（5）Sony

为将头盔显示器应用于消费类电子产品，Sony 公司投巨资研发了头盔显示器专用 LCD 微显示器，其尺寸为 0.55in，有 18 万像素和 24 万像素两种，并于 1998～1999 年推出一系列基于上述微显示器的头盔显示器，命名为 Glasstron。Sony 公司的 Glasstron PLM-A35 及 Glasstron PLM-A55（图 5.19）支持 S-Video、VGA 输入，7in 18 万像素 LCD，分辨率为 800×255，视觉感受等同于在 6.5ft 距离处观看 52in 电视屏幕。配备可调亮度、色彩和音量控制装置，质量仅为 100g。其中，Glasstron PLM-A55 可以利用 LCD Shutter 实现透视功能。2011 年，Sony 公司推出家庭影院 HMZ-T1，于 2012 年 9 月又在德国柏林 IFA 国际消费类电子产品展上发布了 HMZ-T2，如图 5.20 所示。

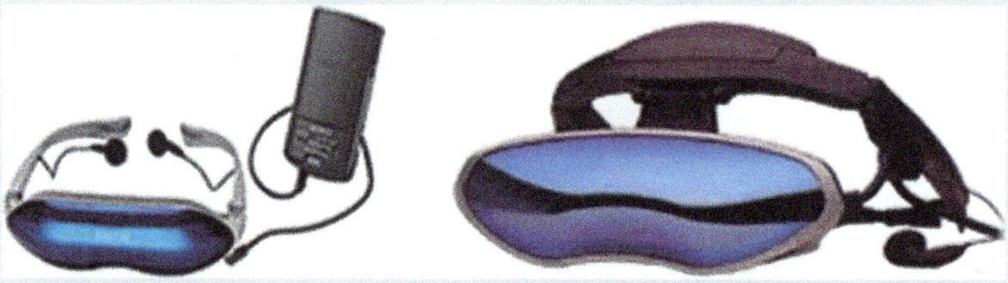

图 5.19　Sony 公司的 Glasstron PLM-A35 和 Glasstron PLM-A55

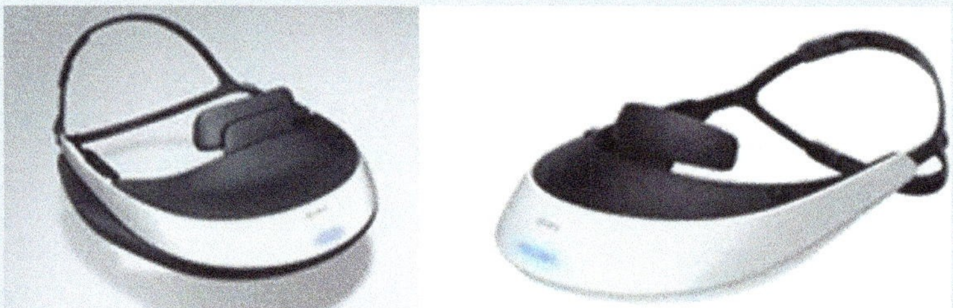

图 5.20　Sony 公司的家庭影院 HMZ-T1 和 HMZ-T2

（6）Olympus

作为光学产品和消费类电子产品的著名厂商，Olympus 公司从 1996 年开始研发头盔显示器，已经形成比较完整的产品系列，包括 Eye-Trek FMD01、200、220、250、700 等。为将 Eye-Trek 设计成易佩戴的 FMD (face mounted display)，Olympus 公司实现了技术上的突破，利用自由曲面棱镜（free-shaped prism）设计头盔显示器的光学系统。Eye-Trek FMD-200 支持 PAL、NTSC 输入，18 万像素 TFT 液晶片，视场角为 28°×26.6°。视觉感受如同在 2m 距离处观看 62in 画面。该头盔显示器亮度高，不受外界光线强弱的影响，质量约为 85g。Eye-Trek FMD-700 与 Eye-Trek FMD-200（图 5.21）最大的区别在于，前者引入了光学超分辨率（optical super resolution）技术，使分辨率从 18 万像素提高到 72 万像素，其质量约为 105g。

图 5.21　Olympus 公司的 Eye-Trek FMD-200 和 Eye-Trek FMD-700

（7）Oculus Rift

Oculus Rift 是 Oculus VR 公司为电子游戏设计的头戴式显示器，具有改变未来人们游戏方式的趋势。如图 5.22 所示，Oculus Rift 有两个目镜，分辨率为 640×800，双眼视觉合并后达 1280×800 分辨率，并且设有陀螺仪来控制视角，可大幅提升游戏的沉浸感。Oculus Rift 通过 DVI、HDMI、micro USB 接口连接计算机或游戏机，计划以可接受的价格将广角、低延迟沉浸式体验带给大众。

图 5.22　Oculus Rift

2014 年 3 月，Facebook 宣布以 20 亿美元收购虚拟现实公司 Oculus VR。Facebook 对 Oculus VR 的收购使得 Oculus VR 有了充足的资金，加快了产品普及的进度，并将 Oculus Rift 应用推向更为广泛的领域，如旅游、影视、医疗、建筑、空间探索及军事等。

（8）Microsoft

Microsoft HoloLens 全息眼镜由 Microsoft 公司于 2015 年 1 月发布，如图 5.23 所示。Microsoft HoloLens 具有透视、全息、高清、一体机式（无线缆连接计算机）等特点，可以让用户看到周围的现实景象。其技术优势主要体现在三个方面：实时三维计算、精准的跟踪定位与姿态确定、图像识别。该设备需要 Windows 10 系统支持，包含一系列全息应用程序，能够在移动设备、个人电脑，以及 Xbox One 上运行，提供高度交互式用户体验。Microsoft HoloLens 轻便且可调节，不同头型的人皆可完美佩戴。作为一体机设备，全部功能实现都不需要外接计算机。

图 5.23　Microsoft HoloLens 全息眼镜

由于采用了最尖端的 CPU 和 GPU，同时还增加了新的处理器——全息处理器（HPU），Microsoft HoloLens 能够实时处理数兆字节的数据。配置高分辨率的透视镜头，用户可以看到叠加在现实世界上的高度清晰的虚拟对象。

常见头盔显示器如表 5.1 所示。

表 5.1　常见头盔显示器汇总

头盔显示器名称	生产厂家	参数
ProView™ XL 系列（包括 XL35 和 XL50）	Kaiser Electro-Optics	支持全彩色 XGA（1024×768）输入，垂直刷新频率为 60Hz，瞳孔间距 55～75mm 可调，亮度可调，对比度较高，质量为 35oz

续表

头盔显示器名称	生产厂家	参数
V4、V6、V8	Virtual Research	V6 和 V8 头盔显示器采用 640×480×3 像素的 LCD，支持 VGA 输入，刷新频率为 60Hz，对比度达到 200∶1，对角线视场为 60°，配有立体声耳机。其中，V8 头盔显示器的瞳孔间距 52～74mm 可调，质量为 1.0kg；V6 头盔显示器的质量为 821g
i-glasses™ LC、i-glasses™ LCB	Virtual I/O	i-glasses™ LCB 是低端产品的代表，使用 18 万像素的 LCD，支持 S-Video、NTSC 输入，视场角为 30°，质量为 226g
i-glasses™ SVGA	Virtual I/O	i-glasses™ SVGA 是高清晰度、大视场头盔显示器，支持 SVGA、PAL、NTSC 输入，24 位颜色深度，分辨率为 800×600 像素，对角线视场角为 27°，刷新频率为 120Hz，出瞳直径为 6mm，出瞳距离 17mm，质量小于 200g
5DT HMD 800	Fifth Dimension Technologies	支持 SVGA、PAL、NTSC 输入，单眼分辨率达到为 800×600×3 像素，视场角为 28°×21°，配有高保真立体声耳机，质量为 594g
Cy-Visor 系列	Fifth Dimension Technologies	该系列中的 DH-4400VP 使用了 144 万像素的 0.49in LCD，支持 VGA/SVGA、NTSC/PAL、S-VHS 输入，瞳孔间距可调，对角线视场角为 31°，可调节亮度、对比度、锐度及色调等
Glasstron PLM-A35、Glasstron PLM-A55	Sony	支持 S-Video、VGA 输入，7in 18 万像素 LCD，分辨率为 800×255，配备可调亮度、色彩和音量控制装置，质量仅为 100g；PLM-A55 可实现透视功能
Eye-Trek FMD01、200、220、250、700	Olympus	Eye-Trek FMD-200 支持 PAL、NTSC 输入，18 万像素 TFT 液晶片，视场角为 28°×26.6°，亮度高，不受外界光线强弱的制约，质量约为 85g；Eye-Trek FMD-700，72 万像素，质量约为 105g
Oculus Rift	Facebook	具有两个目镜，每个目镜的分辨率为 640×800，双眼视觉合并之后拥有 1280×800 的分辨率；具有陀螺仪控制视角，游戏的沉浸感大幅提升；通过 DVI、HDMI、micro USB 接口连接计算机或游戏机
Microsoft HoloLens	Microsoft	Windows 10 系统支持；轻便且可调节；内置立体音效；采用最尖端的 CPU 和 GPU，还增加了新的处理器——HPU

2. 头盔显示器的分类及其核心技术

头盔显示器按技术可分为自由曲面（FFS）头盔显示器、波导型头盔显示器和投影式头盔显示器。

（1）自由曲面头盔显示器

20 世纪 90 年代，Philips、Nintendo、Sony、Canon 等一些大公司都曾试图向市场推广个人头盔显示器，但均未获得成功。原因主要在于这些设备视觉遮挡、分辨率低、像质差、眩晕感、移动安全性差、不够轻巧、价格偏高等。为了克服这些问题，研究人员不断把最新的光学技术应用于头盔显示器设计，使其向着高画质、可透视、超轻、超薄的方向发展，使位于人眼前部分的形状和厚度都尽量接近眼镜。目前，采用的技术包括自由曲面光学元件和全息光学元件（HOE）。自由曲面棱镜的应用增加了头盔显示目视光学系统设计的自由度，使系统可有效折叠，长度、体积、重量都大幅下降。表 5.2 给出了部分头盔显示器的设计参数。

表 5.2　部分头盔显示器的设计参数

类型 / 单位	Eye-Trek FMD-220	Z800 3D Visor	i-Visor	ProView SL40
模型视图	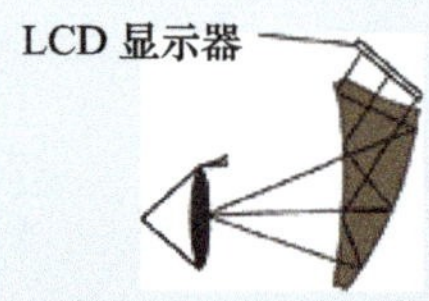	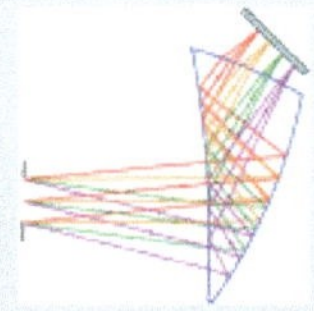	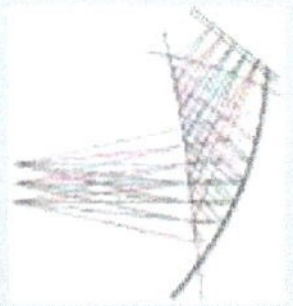	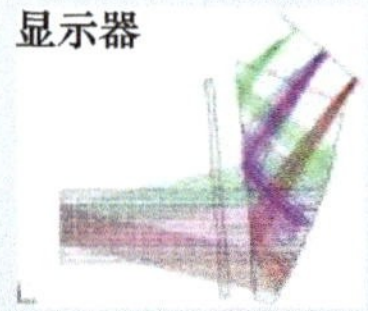
视场角/(°)	37	39.5	42	40
出瞳距离/mm	23	27	22	30
出瞳直径/mm	4	4	3	5
焦距/mm	21	22	26.7	20.6
像面尺寸/in	0.55	0.61	0.81	0.59
F/#	5.25	5.5	8.9	4.1

一些公司已推出相关产品，如美国 eMagin 公司的 Z800、Vuzix 公司的 VR920，韩国 Daeyang 公司的 i-Visor，日本 Olympus 公司的 Eye-Trek，中国深圳富瑞丰公司的 VMP。图 5.24 中给出了基于自由曲面技术的部分头盔显示器产品外形图。

（a）Vizux公司的VR920

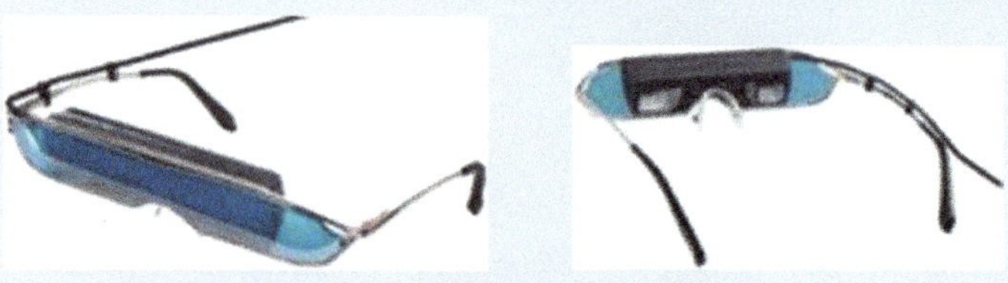

（b）深圳富瑞丰公司的VMP

图 5.24　基于自由曲面技术的眼镜型头盔显示器

（2）全息波导型头盔显示器

波导型头盔显示器分为全息波导型和几何波导型头盔显示器两种。全息光学元件有优良的消色差特性，可实现超轻、超薄、可透视的头盔目视光学系统的设计目标。美国 SBG 实验室、以色列 Lumus 公司、日本 Sony 公司先后推出采用全息光学元件的超薄头盔显示器样机，如图 5.25 所示。

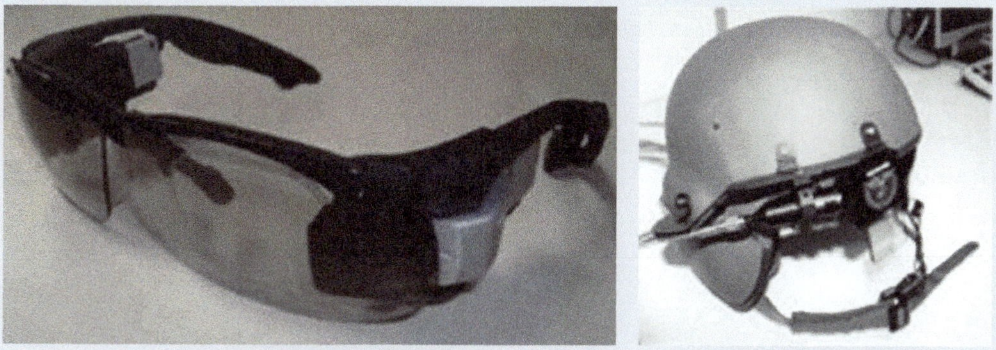

（a）Sony公司的Full Color Eye Wear　（b）BAE公司的Qsight

图 5.25　采用全息光学元件的头盔显示器

（3）几何波导型头盔显示器

目前，研制几何波导型头盔显示器的公司主要有日本 Epson 公司、以色列 Lumus 公司和法国 Optinvent 公司等。图 5.26（a）给出了几何波导的工作原理示意图，由微型显示器、投影光学系统和平面波导光学元件组成。平板波导光学元件由耦入和耦出光学部分组成，耦出光学部分由平面分光镜组成。平面波导光学元件不产生光焦度，放大和准直功能由投影光学系统实现。几何波导型头盔显示器的部分产品外观如图 5.26（b）所示。

（4）高性能头盔显示技术

为了提高头盔显示的沉浸感，必须尽量提高目视光学系统的视场角。同时，头盔佩戴方便性和舒适性又要求其目镜具有大的出瞳直径（方便不同瞳距的人使用）和大的出瞳距离（方便戴眼镜的人使用）。这种大视场、大相对孔径（出瞳）的目镜设计难度大，能够达到像素质量要求的系统往往十分复杂、笨重。北京理工大学在这方面做了大量工作，成功设计研制出基于自由曲面棱镜的大视场（水平 45°）、大出瞳（8mm）目镜，每眼光学元件的质量只有 5g。

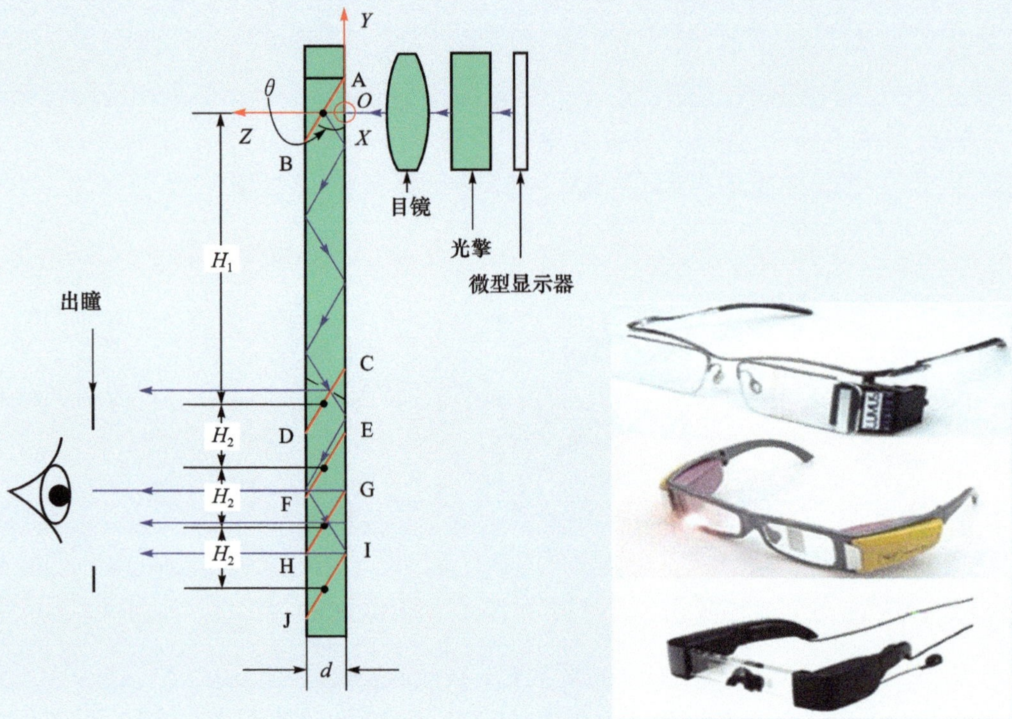

（a）原理图

（b）Lumus（上）、Optinvent（中）、Epson Moverio BT-100（下）

图 5.26　几何波导型头盔显示器

当实际应用要求头盔显示器的视场角进一步增大时，传统的每只眼睛采用单个显示通道的设计方案将出现分辨率下降的问题，影响到显示的沉浸感效果。因此，研制高分辨率大视场头盔显示器必须采用新的解决方案。目前，国际上主要提出了以下四种解决途径。

① 关注区域高清化（high-resolution area of interest）技术：在大视场范围内显示低分辨率背景图像，同时利用眼部跟踪技术获知用户的关注区域，将小视场的高分辨率图像重叠至该区域，使用户在大视场范围看到的一直是高清图像。这种方案的优点是符合人眼视觉特性，即中心区域分辨率高、边缘分辨率较低；缺点是需要快速、低噪声、高精度的眼球跟踪装置，结构比较复杂。此外，背景图像的视场仍然受到目镜设计难度的限制，这只能是一种部分解决方案。

美国佛罗里达大学提出了一种完全利用固定光电器件实现的插入式头盔显示器（opto-electronic high resolution inset HMD，OHRI-HMD）模型，如图 5.27 所示。利用微透镜阵列将高分辨率的插入图像复制成 $M \times M$ 的图像阵列，再利用光学开关阵列选通与用户视线位置相一致的图像单元，并将其叠加在背景图像的相应位置，从而实现无活动元件的轻小型图像插入机制。这种模型的潜在对准误差小，不存在由扫描元件引起的机械振动，结构紧凑。

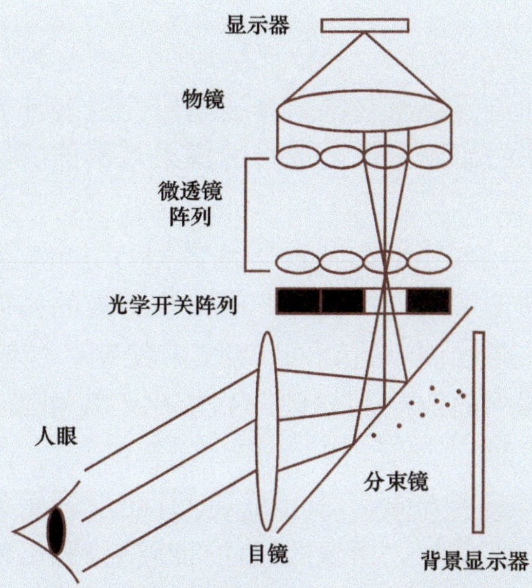

图 5.27　光电器件插入式头盔显示器模型

② 双目分视（dichoptic area of interest）技术：将一幅大视场低分辨率的背景图像显示到用户的一只眼睛，将一幅小视场高分辨率的图像显示到另一只眼睛。两幅图像通过用户大脑融合，实现大视场低分辨率的背景图像，中心区域是用户感兴趣的高分辨率图像。该方案原理简单，成本低廉。但是，用户只能在中心区域看到高清晰的图像，也无法实现三维显示。美国 KEO（Kaiser Electro-Optics）公司已推出相关产品——HiDef。

③ 双目交叠（partial binocular overlap）技术：两眼看到虚拟场景的区域不完全相同，仅中心部分有交叠。由此，在不降低分辨率和不增加头盔重量的情况下扩大水平视场的大小。该方案原理简单，每眼只需一个显示通道，但是也只能部分解决视场问题，且要求低畸变目视光学系统，设计装调难度大，还容易产生融合困难、视疲劳等问题。采用该技术的产品有 KEO 公司的 SIM EYE-SX100，如图 5.28 所示。

图 5.28　KEO 公司的 SIM EYE-SX100

④ 光学拼接（optical tiling）技术：将一系列（N 个）小视场高分辨率的显示单元按特定的方式排列安装在一起，在相接的区域采取部分视场重叠的方式消除缝隙，如图 5.29 所示。拼接式头盔显示器将视场扩大到近乎原来单个模块的 N 倍，并保证整个视场内的分辨率与单个模块显示时相同。对于视场和分辨率之间的矛盾，这是一个完全解决方案，可以实现真正意义上的大视场高分辨率头盔显示器，非常适用于沉浸式虚拟显示环境。但是该技术需要多个显示通道，结构复杂，拼接装调相对困难。此外，目前此类产品均采用传统轴对称式光学结构的显示单元，整个系统的体积和重量偏大。

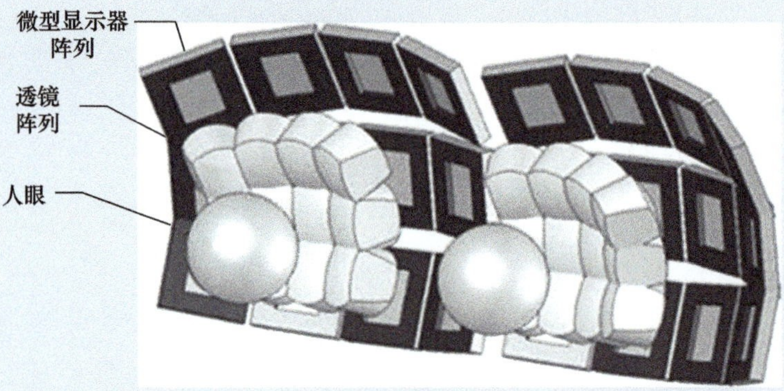

图 5.29　传统光学拼接式头盔显示技术示意图

图 5.30（a）中，头盔显示系统的视场达到 82°×32°，采用重叠一小部分视场的方法消除过渡区域的渐晕。图 5.30（b）中，4 片自由曲面棱镜拼接在一起，使视场达到 82°×56°。图 5.30（c）中，头盔显示系统采用 6 片

棱镜拼接的方式，视场角可达 119°×56°。以上几种头盔显示器的分辨率均为 3.2 弧分。

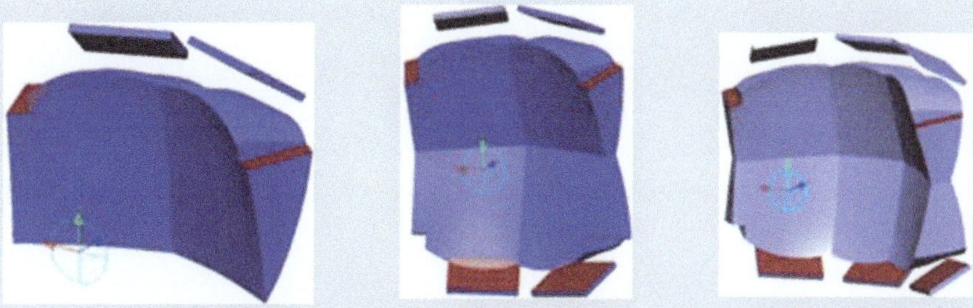

(a)　　(b)　　(c)

图 5.30　自由曲面拼接式头盔显示系统外形图

(5) 真实立体感头盔显示技术

人眼为了能看清近处和远处的目标，需要调整眼的屈光能力，使远处的平行光和近处的发散光均能在视网膜上清晰地成像，这种屈光能力称为调节（accommodation）。当人类要看清近处物体时，除了调节，还需要两眼内转，使双眼视轴交于注视点。眼球内转的作用，称为集合（也称辐辏，convergence）。在眼球内转时，瞳孔还要缩小，从而减少像差，提高视网膜像的质量。调节、集合和瞳孔缩小称为近反射的三联运动。眼的调节与集合在生理方面有着密切的关系，在日常生活中，调节与集合是相互协同联合运动的。

在自然环境中，人的立体视觉是靠人眼的调节和集合共同产生的。而传统的立体头盔显示器仅有一个固定的焦面，即人眼的调节是固定的，造成其集合与调节不相匹配，与人眼自然视觉特性不符。这会导致视觉失真，人眼很难同时进行聚焦和图像融合，从而造成用户视觉不适和视疲劳。如图 5.31 所示，在真实环境中，人眼的会聚和调节是同步的。当人眼聚焦于某一点时，该点前后的物体会发生不同程度模糊（图 5.31 (c)），离关注点越远，模糊程度越严重。而在传统立体头盔显示器中，人眼的会聚和调节不一致，无论物体离人眼关注点的远近，人眼观察到的均是清晰图像（图 5.31 (d)）。

解决头盔显示器中人眼调节与会聚不协调问题的途径之一是发展多焦面显示技术，即通过某种手段生成若干焦面，在不同焦面上渲染不同景深的虚拟物体。不同焦面的场景相互融合形成有立体感的三维图像，有效地改变人眼的调节距离，产生具有真实感的立体视觉。其中的关键问题在于使光学系

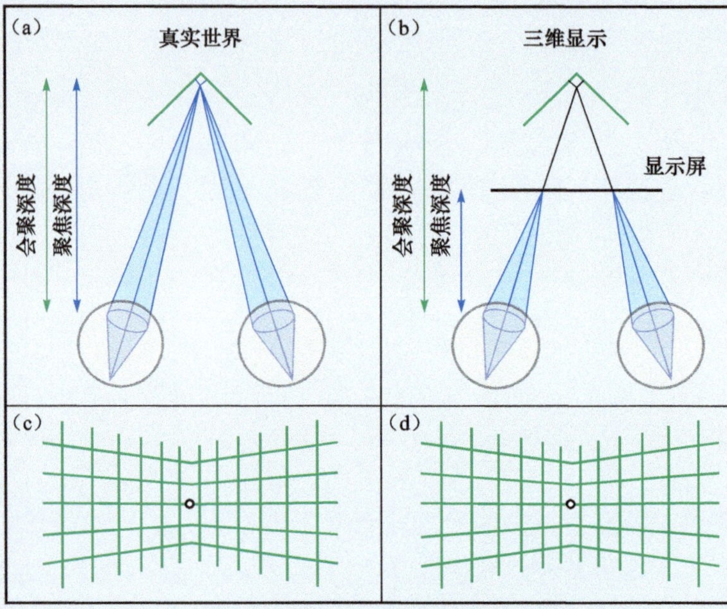

图 5.31　人眼自然视觉和头盔立体视觉

统能够生成多个焦面。目前主要有三种方法来实现：液体透镜改变系统光焦度、双折射材料透镜和液晶调制器实现多焦面、分光镜引入多光路形成多焦面。

① 液体透镜调节焦面：在系统中引入液体镜头调节光学系统的光焦度，进而改变系统的焦面位置，并通过分时复用生成若干焦平面，如图 5.32 所示。由于受到人眼最小刷新频率和液体镜头、微型显示器刷新频率的限制，一个微型显示器和液体镜头可以生成 2～3 个焦平面。如果在系统中引入 N 个分光镜、液体镜头和微型显示器，则能产生 $2N$ 个焦平面。

② 用双折射材料和偏振片产生多焦面：该装置由一个固定的双折射透镜和偏振片组成。双折射材料在寻常光和非常光方向有两个不同的折射率，在双折射材料透镜前加液晶调制器调整入射光的偏振状态就可以得到两个不同的焦平面。如果引入 N 个液晶调制器和双折射透镜组合，系统就能生成 $2N$ 个焦平面。如图 5.33（a）所示，系统由一个起偏器、两个双折射材料透镜和两个液晶调制器组成，一共可生成 4 个焦平面。图 5.33（b）中，三维显示系统结构每眼配备一个显示器，该系统刷新频率为 45Hz。图 5.33（c）中，双眼共享一个显示器，图像以分时复用的方法显示到人眼，刷新频率为 22.5Hz。

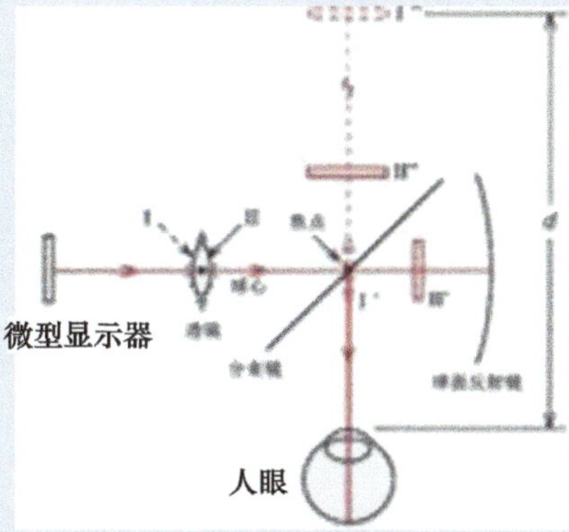

（a）系统原理图

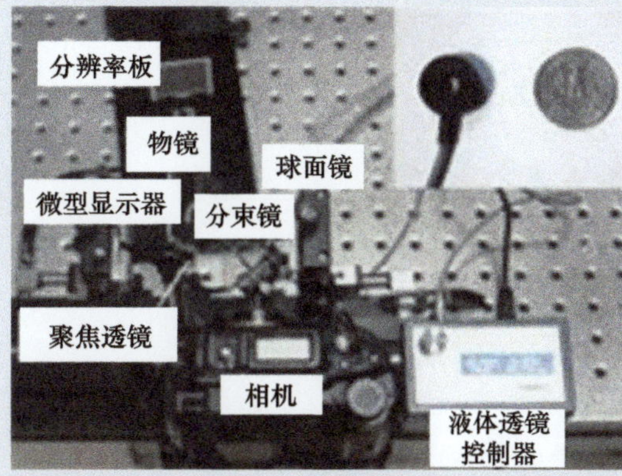

（b）实物图

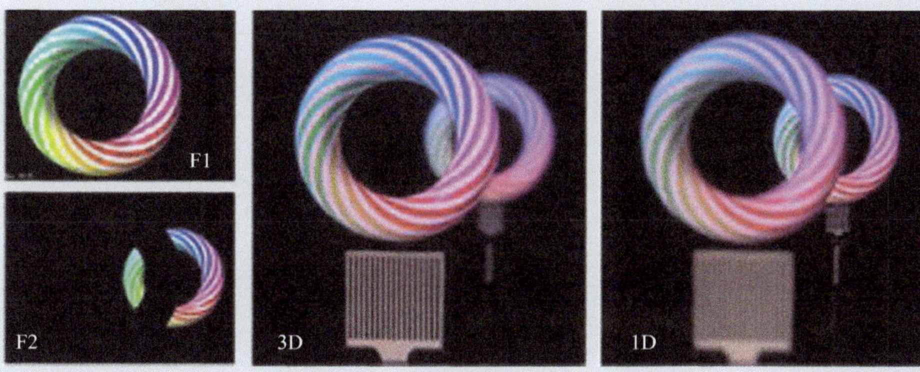

（c）实验结果

图 5.32　可变焦面光学透射式头盔显示器

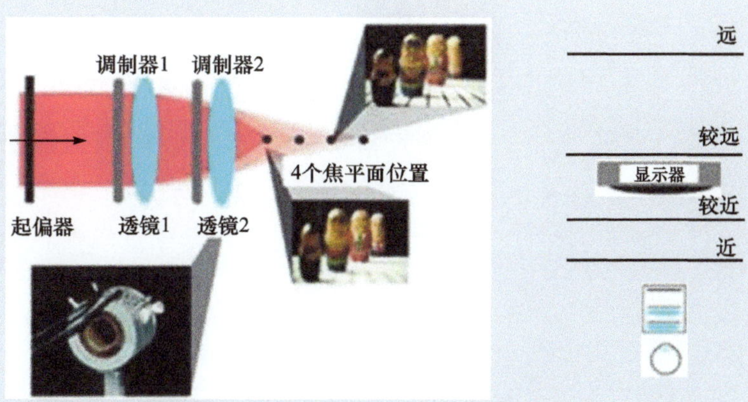

（a）由双折射材料透镜和液晶调制器构成的可高速切换焦面成像系统

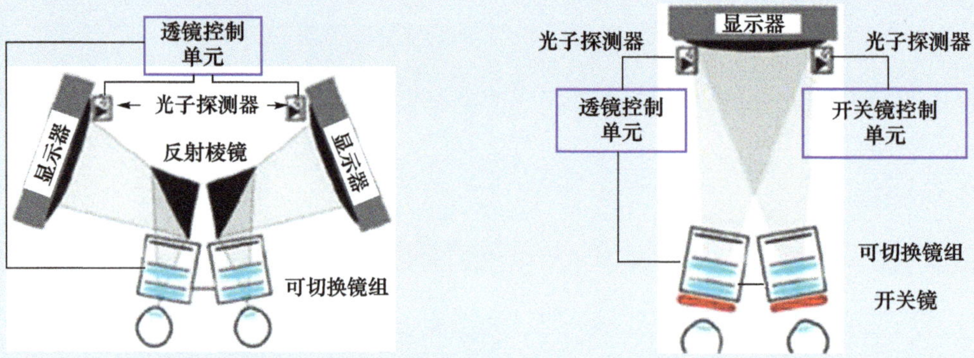

（b）由两个显示器组成的立体显示系统 （c）由一个显示器组成的立体显示系统

图 5.33 基于双折射材料和偏振片的真实立体感头盔示意图

③ 通过分光镜引入多光路：通过半反半透镜在系统中引入多个光路，每条光路有独立的微型显示器，即对应一个焦平面。图 5.34（a）用三个分光镜将光分成三路，使系统有三个焦平面——近焦面、中焦面和远焦面。利用图形渲染技术生成位于近物面和远物面之间的虚拟物体。图 5.34（b）为具有三个焦平面的多光路头盔显示效果图。

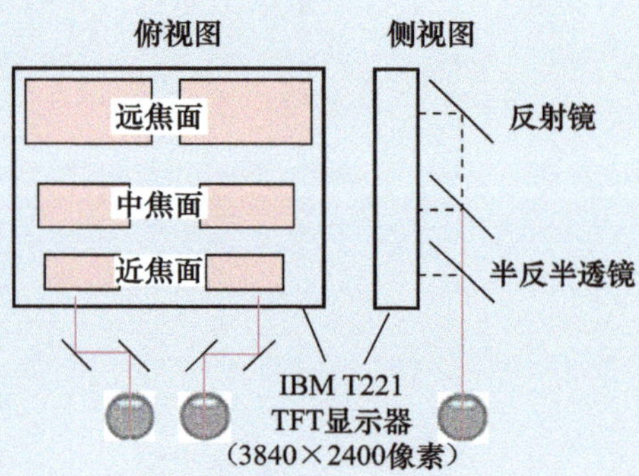

（a）结构示意图

（b）显示效果图

图 5.34 具有三个焦平面的多光路头盔显示器结构及显示效果图

（6）新型立体感显示技术

除上述各种技术外，还有许多新型的立体感显示技术。例如，采用变形镜技术改变光学系统的光焦度，进而改变系统的显示深度（图 5.35）；采用扫描镜阵列的真实立体感显示技术等。

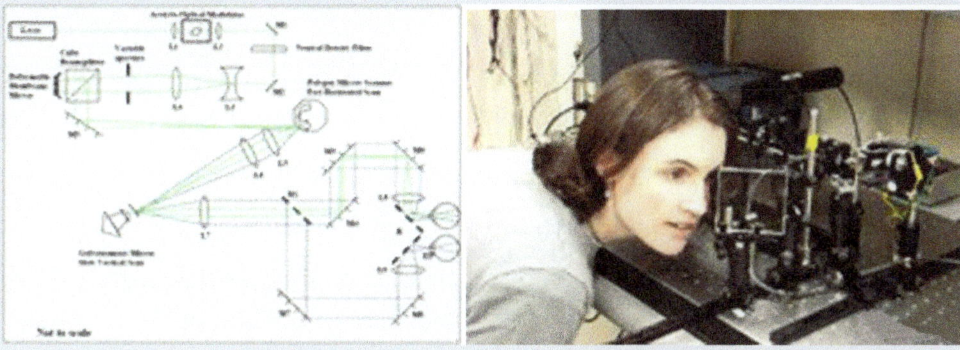

图 5.35　采用变形镜技术的真实立体感显示

（7）多维感知头盔系统

目前，绝大部分头盔显示器只能输出图像和声音信息，大多数虚拟现实系统只能为用户提供视觉和听觉感知，有一些系统通过力反馈设备、带震动功能的数据手套、喷水设施、摇动座椅等引发用户的力觉、触觉和运动感知。随着高端应用对虚拟环境沉浸感要求的不断提高，需要在虚拟现实系统中引入更多的感知，如味觉、嗅觉等，以满足用户多方位的感觉享受。

在英国工程和物理科学研究委员会的专款支持下，约克大学（University of York）和华威大学（University of Warwick）的科学家正在研制能够模拟视觉、听觉、嗅觉、味觉、触觉等多种感知的虚拟现实头盔系统“虚拟茧”，如图 5.36 所示。为达到多感同时兼备，“虚拟茧”在多个方面进行了研究：图像由计算机无线传输，采用基于 LED 和 LCD 的高清晰、高动态显

图 5.36　“虚拟茧”样机

示；听觉由环绕扬声器提供；嗅觉采用连接到装有化学物质盒子的嗅觉管在用户鼻子下方释放气味；味觉通过向用户口内喷入有质感和味道的物质实现；触觉感知由专用装置模拟；温度和湿度则通过风扇和加热器加以调节控制。目前可模拟扬帆出海，用户可以看到风帆，听到海浪，感受海风扑面而来，并被海水打湿脸颊。多维感知头盔显示器在训练培训、旅游观光、历史重现、远程会议、虚拟角色扮演游戏等方面具有广阔的应用前景。

（8）增强现实头盔显示技术

增强现实头盔存在的问题是叠加的虚拟物体无法遮住真实场景。例如，需要在图 5.37（a）的真实场景中叠加图 5.37（b）的大楼，图 5.37（c）为理想的叠加结果。然而，普通光学透射式头盔显示器看到的效果如图 5.37（d）所示，叠加的虚拟对象无法遮住位于它后面的真实景物，出现漂浮现象。为此，研究者提出了具有遮挡关系的光学透射式头盔显示方案。

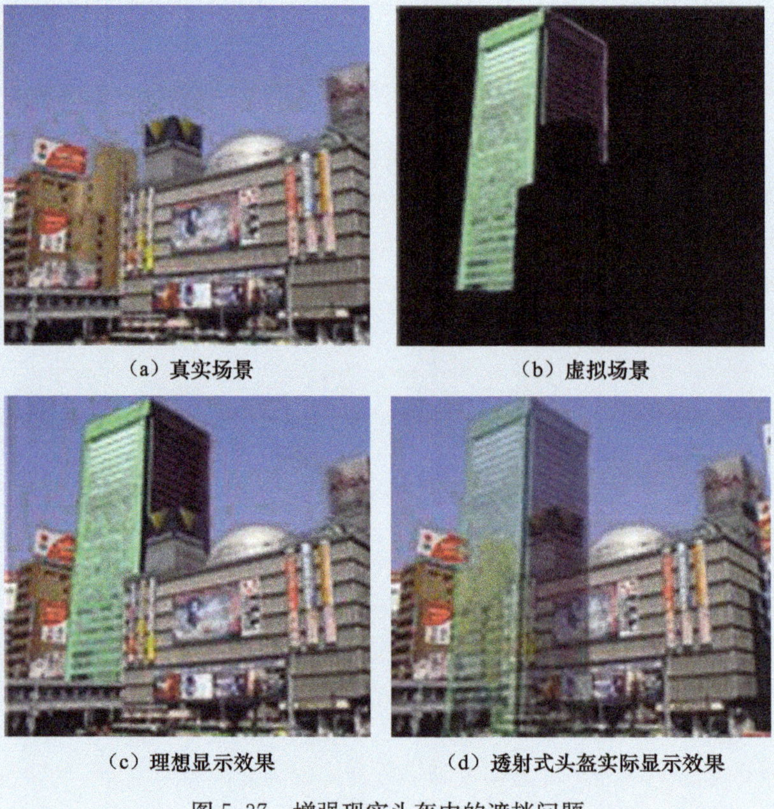

（a）真实场景　（b）虚拟场景

（c）理想显示效果　（d）透射式头盔实际显示效果

图 5.37　增强现实头盔中的遮挡问题

Sony 公司于 1992 年提出了互相遮挡增强现实的光学理念，如图 5.38 所示。1999 年，Tatham 阐述了在不使用成像光学元件情况下，仅使用传输光线阻挡阵列所生成的结果。2000 年，Kiyokawa 和 Billinghurst 在其原型机 ELMO 中提出了遮挡问题，现在该样机已发展到第 4 代。

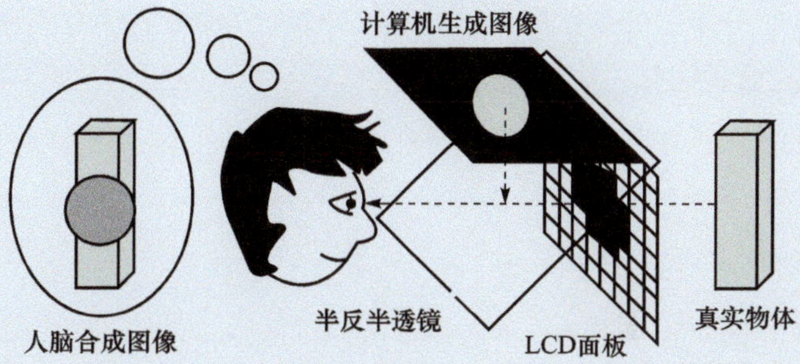

图 5.38 互相遮挡增强现实的光学理念示意图

遮挡合成图像中的真实景物有四种方法：遮挡光源与真实景物之间的光线、设置特殊物体遮挡光线、遮挡实物与用户眼睛之间的光线，以及增加合成图像的亮度以减少真实场景的可见性。其中，较常用的为第三种方法，图 5.39 给出了该方法的示意图，其核心是在普通透射式显示器前放置一块液晶 LCD 面板，阻挡外界光线。LCD 面板定位在前后两个凸透镜的一倍焦距内，形成放大率一倍的光学望远镜。最后，用一个正像棱镜颠倒外界景物，让观看者同时观察外界景物和 LCD 面板的图样。打开 LCD 面板上出现真实景物的像素点，关闭 LCD 面板上出现虚拟景物的像素点，真实景物和虚拟景物的相互遮挡就能真正光学呈现。

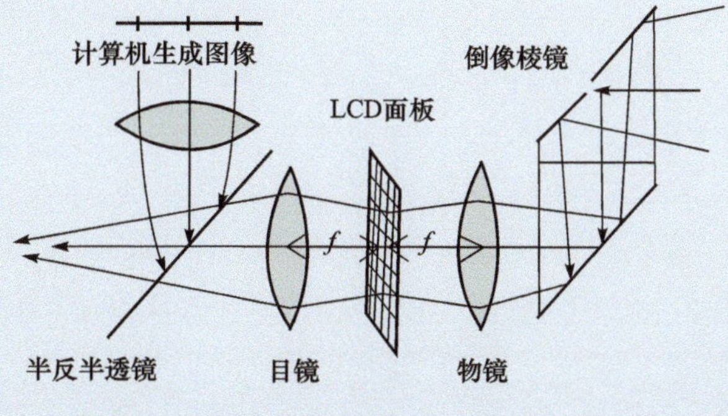

图 5.39 基于遮挡实物与用户眼睛之间光线方法的光学系统设计

该方法具有如下三方面的优势：

① 实用性。显示器不影响真实环境，也不需要任何额外的环境设置，可以在室内外使用。

② 色彩保真性。由于显示器能够阻挡任何外来景物光线，所以在任何情况下，虚拟图像都能保持原来的色彩，优于普通的光学透射式显示器的保真度。

③ 相容性。由于挡光部件与彩色图形显示器分离，所以可以用于大多数现有的光学透射式显示器。

5.2.3 可穿戴设备发展趋势及存在的问题

本节从市场规模、主要技术、产品形态等方面分析可穿戴设备的发展趋势。

1. 市场规模发展趋势

可穿戴设备自 2013 年以来整体市场快速增长，同时带动了相关产业链的发展。以电池为例，据 IHS 估计，全球可穿戴设备电池市场的规模到 2018 年将达到 7700 万美元，较 2014 年底的 600 万美元大幅增长 10 倍以上。因此，可穿戴设备的兴起将带动整条产业链的发展，不仅有助于传统硬件产业的转型，同时还给可穿戴计算、传感器、材料、软件及应用服务等相关行业带来机遇。

2. 主要技术发展趋势

在技术方面，可穿戴设备有五个方面的发展趋势：一是智能交互技术。多点触控、语音识别、手势识别、骨传导等技术发展迅速，眼球识别和脑电波识别技术也在逐渐成熟并且得到应用，可穿戴设备将逐渐成为实现交互体验的重要载体。二是微型集成技术。智能传感器以 MEMS 和数据分析技术为基础，产品的微型化、集成化、系统化设计与生产将不断取得进展。三是柔性电子技术。为保证可穿戴设备更加贴近人体，充分发挥方便、隐形和安全的特点，柔性电池、柔性屏幕、柔性驱动 IC 等技术在可穿戴设备领域得到广泛应用。四是数据处理技术。未来，通信体系将以可穿戴设备为中心，通过与手机、计算机、家电、汽车等智能终端连接，实现信息互联互通和智能控制，数据的分析处理在云端完成，可穿戴设备将真正融入人们生活。五是舒适度评测方法。虚拟现实设备发展快速，然而当前的舒适度评测方法滞后，大多未应用于虚拟现实设备，也未能结合多种机理信号对用户疲劳度进行评测。因此，建立基于脑电、心电、肌电等机理信号分析的虚拟现实设备舒适度评测方法是未来的重要研究方向。

3. 产品形态发展趋势

首先，可穿戴设备的形态将在轻薄微型化、互动友好性，以及易于连接性三个方面不断得到增强。其次，创新产品形态满足多元、个性化需求。由于可穿戴设备的人体佩戴特点，未来产品将针对部分人群实现量身定制，满足不同群体的特殊需求，产品将从规模批量生产向个性定制的方向发展。同时，时尚型与功能型并行发展。未来可穿戴设备时尚型和功能型将成为两条主要创新路线。时尚型产品更为注重外观设计，功能实现方面则寻求单一和简洁；功能型产品满足使用者特定需求，在运动、健康、安全等方面发挥作用。

4. 应用服务发展趋势

可穿戴设备的应用服务创新将为可穿戴设备带来新的独特功能，可穿戴设备在打电话、发短信、社交网络体验等方面的性能不断改善，在个人信息获取与管理方面的作用不断增强；在降低行业开发成本和提高效率的基础上，专用操作系统的推出与演进将推动可穿戴设备的开发进程，进而推动可穿戴设备应用服务的快速发展；云计算、大数据等技术将为可穿戴应用提供支撑，硬件产品与应用服务相互促进，应用服务与硬件产品之间结合得更加紧密。

5. 可穿戴设备存在的问题

目前，可穿戴设备也存在一些影响其发展的问题，主要有功耗问题、续航问题、用户隐私保护与安全问题等。

可穿戴设备芯片呈现多样化需求，已有产品通常可分为两种平台架构：一种来源于智能终端，以手机应用处理器为核心硬件的通用平台，功能强大，可以完成增强现实等一系列基于多媒体内容的交互功能，缺点是功耗高、待机时间短；另一种来源于与活跃于工控领域的低功耗微控制器结合，立足嵌入式技术，具有功耗低、响应速度快等优点，但是对增强现实等高性能人机交互的支持弱，需要研制用于移动智能穿戴设备的定制化芯片。

续航能力是可穿戴设备的瓶颈，需多种方案综合解决。由于可穿戴设备物理空间的限制，无法配备高容量电池，其续航能力成为影响用户体验的瓶颈之一。目前主要从以下几个方面解决：一是从芯片、操作系统、屏幕，以及终端互联等着手减少功耗，寻找性能与功耗的平衡；二是增加电池容量，如弯曲电池技术可在缩小电池体积的同时增加电池容量；三是利用无线充电、极速充电、动能、太阳能和生物充电等技术，但这些充电技术大多还处于实验室阶段。因此，新型交互设备尚需在续航能力上取得突破。

可穿戴设备极大提升了用户数据感知与控制的能力，同时也出现了用户数据与隐私保护、可穿戴设备安全等问题。首先，用户隐私收集风险空前，移动互联网巨头将用户账号系统与海量感知信息相结合，挖掘、释放用户的数据信息，可穿戴设备所感知到的一切信息都有可能泄露；其次，信息主权问题更加凸显，通过可穿戴设备获取的各种数据如果跨境传输并存储在境外应用服务器上，将直接影响国家的信息主导权及经济社会安全；再次，非法远程控制威胁加剧，可穿戴设备渗透到生产生活的方方面面，关系到人民生命财产（如医疗健康设备、车载系统等），如被非法入侵控制将造成严重后果。此外，可穿戴设备偷拍偷录和对人身安全的影响也备受关注。可穿戴设备的拍照、摄像、录音等功能更加隐蔽，由此引发的泄密问题将更趋突出；同时，可穿戴设备因为贴近人体，其近距离辐射和散热对人体健康（特别是孕妇）的影响尚不明确，引发公众普遍担忧；部分与皮肤长期接触的可穿戴设备可造成使用者产生皮肤不适或过敏反应等。为推动可穿戴设备行业健康可持续发展，需要尽早研究和制定针对可穿戴设备的标准和检测规范。

5.3 智能交互技术产生的需求与影响

智能人机交互把人的认知、计算系统，以及物理环境作为一个整体，计算系统需具备模拟人类感知、认知和反馈呈现的能力，需要有效理解和处理多通道、非精确、动态的交互信息。在这种交互方式下，用户通过自然行为表达意图，计算机主动理解用户的意图。智能人机交互方式将释放用户手指与键盘，减轻人们对鼠标、键盘的操控依赖，淡化计算机工具与技术的界线，使用户更加关注任务本身。

智能交互将对我国经济建设起到重要的推动作用。首先，将催生智能穿戴等新兴产业。当前，高端智能手机和平板电脑的发展速度放缓，智能穿戴有望成为再次激励技术与市场的引擎。市场研究机构 Research and Markets 最新报告预测，到 2018 年，全球智能穿戴产品市场的规模将达到 83 亿美元，未来 5 年的年复合增长率达 17.71%，其核心技术突破是智能交互。与此同时，智能交互将促进传统产业的升级换代。目前，传统产业的竞争焦点已逐渐转移到用户体验的提升。例如，智能家居以年均 19.8%的速率增长，在 2015 年产值已达 1240 亿元。智能交互带来的新型用户体验是未来竞争的焦点。

为应对人类对信息需求的爆炸式增长，以及对信息终端便携性、移动性的追求，移动互联网和移动终端已成为全球信息产业巨头的战略必争之地，围绕其展开的各项信息技术创新也成为最为活跃的领域。Microsoft 体感交互设备 Kinect 为当前人机交互带来了重大变革；Apple Siri、Google Glass 等引起轰动。由新型人机交互、新型显示等派生的可穿戴技术，改变了人们接入互联网的方式和入口。其中，智能交互主要包括智能语音交互、体感交互、脑机接口和眼动跟踪等。融合多感官通道的自然人及交互技术将成为未来信息领域的创新源泉，催生大批创新型企业，以及围绕新技术而衍生的创意软件和应用。该产业链的发展壮大，必将成为拉动信息消费的强大驱动力。

面对我国智能产业和终端电子产品的快速发展，迫切需要组织开展前瞻性、创新性的研究，建立新的行业标准，打破由国外 IT 巨头公司形成的技术与市场垄断，推动我国智能交互产业链向高技术、高附加值的方向健康发展。

下面分别介绍智能语音交互、体感交互、脑机接口和眼动跟踪四种智能交互技术的发展和影响。

5.3.1　智能语音交互

智能语音交互包括语音识别、语音合成和语义理解。语音识别将用户输入的语音转化为相应的文本或命令；语音合成将文本转换成机器合成的语音；语义理解从语音识别输出的文本中获取语义信息，从而理解用户的意图。语音交互流程如图 5.40 所示。

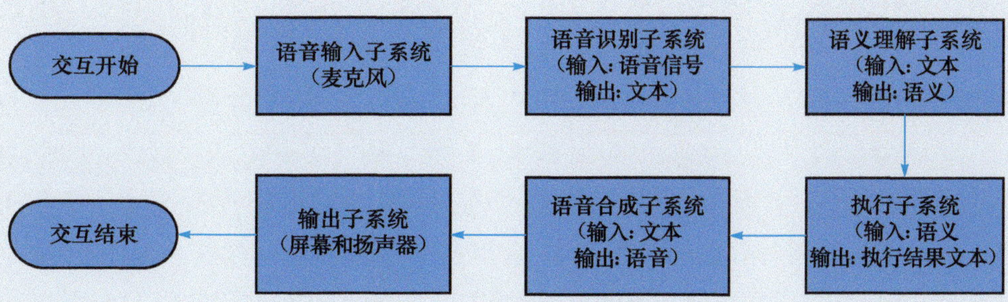

图 5.40　语音交互流程图

语音识别将语音信号转变为相应的文本或命令。语音识别是一个多学科交叉的技术领域，涉及信号处理、声学、模式识别、概率论、信息论、语言学、计算机科学等。1952 年，贝尔实验室 Davis 等研发出能识别 10 个英文和数字的系统，揭开了语音识别的序幕。20 世纪 80 年代开始，矢量量化、隐马尔可夫模型和人工神经网络等方法相继应用于语音识别，大词汇量、非特定人的连续语音识别，由传统的模板匹配转向基于统计模型。

目前，深度神经网络（DNN）是研究的热点。2011 年，Microsoft 研究院引入 DNN，将特定语料库上的语音识别准确率提高 30% 左右。由于 DNN 能够比较好地模拟人脑神经元多层深度传递的过程，在解决一些复杂问题时有明显的突破性的表现。目前，国内外各大语音技术公司纷纷将 DNN 应用于语音识别系统。

语音合成涉及声学、语言学、数字信号处理、计算机科学等多个学科。参数合成与波形拼接是最为常见的两种语音合成方法。

20 世纪 80 年代主要采用参数合成方法，整体上合成语音的音质难以达到文语转换系统的实用要求。1990 年出现基音同步叠加（PSOLA）方法，使基于时域波形拼接合成的语音音色和自然度大大提高，并且合成器结构简单，易于实时实现。近几年，基于数据库的语音合成方法引起人们的注意，合成语句的语音单元从一个预先录制的庞大语音数据库中挑选出来，只要语音数据库足够大，包括各种可能语境下的语音单元，理论上就可能拼接出任何语句。由于合成的语音基元都来自自然的原始发音，所以合成语句的清晰度和自然度都非常高。

语义理解将自然语言文本转化为用户的意图，使机器理解用户的需求，也让智能终端听懂用户说了什么，在此基础上进一步回答用户的问题或与用户对话。语义理解可以使得搜索引擎通过推理获得答案，是搜索引擎和人机交互的发展方向。语义和语音结合，创造了更为自然、智能的交互方式。

2010 年 10 月，iPhone 4S 推出了智能语音助手 Apple Siri；2011 年，IBM 推出知识问答系统 Watson，并在智力问答比赛中成功战胜了两位人类选手；2012 年 5 月，Google 推出知识图谱（knowledge graph），将搜索结果进行知识系统化，任何一个关键词都能获得相关知识体系；2012 年 9 月，国内的 Google 和 Baidu 分别推出知立方和实体搜索，意在构建中文的互联网知识图谱；2013 年 9 月，Facebook 组建了新的人工智能部门，将人们分享的内容联系起来，从而使 Facebook 可以对用户提出的问题做出更深入的回答。目前，无论是英文还是中文，语义理解都远未达到令人满意的水平。

Apple Siri 尽管掀起了一场语音技术热潮，但是用户的热情并未持续太久，Apple Siri 和国内外其他一些语音助手都面临同样的问题，即语音识别结果的正确性高，但是语义理解能力很低。我国一些高校、科研院所和企业几十年前就开始研究中文的语义理解问题，近几年，更多的商业公司进入了这一领域。

智能语音交互带来了新的、更为自然的交互方式，使智能终端更为智能，为人机交互带来了深度和广度上的扩展；移动终端的智能化和普及也为语音交互的发展和应用提供了优越的条件，在苹果公司将语音交互应用于 Apple Siri 的带动下，移动智能终端和语音交互的结合成为当下研究的热点，有广阔的发展空间。

5.3.2 体感交互

体感交互利用深度相机等装置，对用户手和肢体的运动进行跟踪，实现自然的人机交互。体感交互的核心是实时跟踪，与大数据技术的发展方向类似，即信息技术编解码的对象正从语言深化到话语，包括体态语言、形象、视频等体现于行为中的非结构化数据。话语往往比概念化的语言更能反映人们身心的细微变化。

体感交互作为智能人机交互的重要组成部分，最初是为了让机器感知人体的位置与姿态，从而指导机器对人的举动、命令做出准确响应。20 世纪 90 年代，Roll & Rocker 游戏控制器将平衡体感交互首先应用在娱乐中，其外观是四边略成圆弧形的平板，玩家站立上面，努力控制自己的平衡，同时利用不同的倾斜角度来控制游戏中的角色。尽管理念和技术在当时很先进，但由于控制平衡难度大、灵敏度差，该控制器很快就被淘汰。体感交互在 2006 年才真正引起公众的关注。任天堂公司发布了 Wii，内置的动作感应装置为用户带来了全新的互动体验。Microsoft 和 Sony 公司也相继投入了体感游戏套件的开发。2005 年以前 Sony 就曾经涉足体感游戏，推出了光学感应套件 EyeToy，通过光学传感器获取人体影像，将人体影像的肢体动作与游戏内容互动，应用在简易类型的互动游戏中，但未成功。2010 年，Sony 推出了新一代体感设备 PS MOVE（PlayStation Move），与 Sony PS3 USB 摄影机结合，创造了全新游戏模式。PS MOVE 不仅能识别手臂上下左右的动作，还能感应手腕的角度变化，无论是跑步时的快速活动，还是绘画时的纤细动作，都能在 PS MOVE 重现。动态控制器也能感应空间的深度，令玩者感受到逼真的游戏体验。同年，Microsoft 也发布了全新体感应套件

Kinect，使用激光和摄像头（RGB）获取人体影像信息，可捕捉人体三维全身影像，不受灯光环境限制。

任天堂、Sony、Microsoft使体感技术受到前所未有的关注，越来越多的公司介入这一领域。苹果公司申请了与任天堂Wii类似的魔术棒控制器，以及Mac OS X中身体动作跟踪技术专利，推出的电视将全面支持体感操作。Google于2014年4月发布了Google Glass。这款眼镜能够为佩戴者提供所处环境的信息，融合了传感器、语音识别，以及体感控制技术。2014年5月，美国Leap公司推出了体感运动控制系统Leap Motion，可以追踪多个物体并识别手势。Samsung、Panasonic、长虹、海信、创维、TCL等推出了具备体感游戏功能的智能电视，用户通过手势进行游戏互动。计算机厂商联想、方正、微星、海尔等也推出了自己的体感计算机，无需接触计算机和鼠标即可实现操作。

随着移动互联网的发展，手机也加入了体感功能，如用手机当球拍，挥动手臂，就能体验体感游戏带来的乐趣。北京微创互通公司把体感捕捉技术运用到广告营销领域，人们可以在商业区、影院、电子娱乐中心免费玩体感游戏，为游戏付费的是广告主与品牌店，开发者、用户和广告主各得其所。上海曼恒数字技术公司研发出了融合体感交互的虚拟现实技术，扩大了虚拟现实的应用范围。N-show、凯奥斯卡推出了三维虚拟试衣间，通过手势，在大屏幕前就可以看到各种服装的试穿效果。

5.3.3 脑机接口

脑机接口技术产生于20世纪70年代，涉及医学、神经学、信号检测、信号处理、模式识别等多个领域，是当前神经工程领域最活跃的研究方向之一，在人机交互、生物医学、神经康复和智能机器人等领域具有广阔的应用前景。脑机接口是在人或动物的脑与外部设备之间建立连接通道，通过这种通道，人可以不需要语言或动作，直接通过脑表达想法或操纵设备，从而帮助大脑交流通路（脑—脑神经—肌肉）存在障碍的患者提高生活质量，如与外界通信交流、操控有关设备等。

1970年，美国国防部资助成立了最早的脑机接口研究组。1995年，研究脑机接口技术的机构和组织不超过6个，现在已经发展到数以百计，包括美国航空航天局、Wadsworth研究中心、布朗大学、伊利诺伊大学、佐治亚州立大学、戴尔莫尔感知人工智能研究所、格拉茨技术大学等研究机构。国内开展脑机接口研究的主要单位有清华大学、浙江大学、西安交通大学、上海交通大学、天津大学、国防科学技术大学、中国科学技术大学等。

脑机接口系统组成可分为三部分：信号采集与记录、数据处理、外设与接口，如图 5.41 所示。其中，信号采集与记录部分负责采集、记录信号。使用者通过执行特定的思维任务，改变脑状态产生控制信号。由于来自头皮的脑电信号很微弱，一般为 5～100μV，频率常低于 35Hz，同时伴有工频等杂波，因此需对其放大并进行信号滤波。数据处理部分实现对脑电信号的分类识别，包括特征提取和特征选择分类，前者从脑电信号中提取出有用的信息，形成初始特征；后者从初始特征中选择对分类最佳的特征子集，形成特征向量，输入给分类器，分类器依据输入的特征向量区分不同的思维任务，输出对应的类别（也称为逻辑控制信号）。外设与接口部分实现分类结果与外设的连接，由 4 个功能元件组成。其中，控制接口针对特定类型的设备，将逻辑控制信号转换成语义控制信号；设备控制器件将语义控制信号转换成设备控制信号；设备的种类很多，有计算机、假肢、电视、灯、虚拟键盘等；显示装置提示所要执行的思维任务。

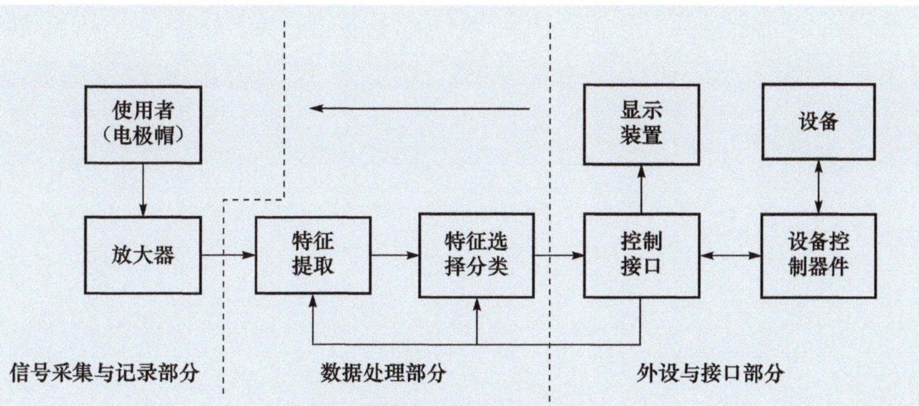

图 5.41　脑机接口系统原理图

目前脑机接口尚处于实验室研究阶段，达到实用还有许多问题需要解决，特别是脑电信号处理的准确性和信息转换速度、脑机接口在复杂环境中的可靠性和稳定性等。这些问题的解决有赖于脑电机理、脑认知、信号处理、模式识别、芯片技术、计算技术等诸多领域的研究进展，以及触觉、脑电、肌电、眼动等多模式的联合运用。

5.3.4　眼动跟踪

眼动跟踪又称视线追踪，测量跟踪用户的注视点或视线方向。基于眼动信息的人机交互将眼睛作为一种自然的人机接口，用户通过这种接口操作计算机和各种器械，如打字机等，交流思想和表达情感，从而给残障人士，特别是只能使用眼睛的残疾人士带来革命性的变化，如图 5.42 所示。

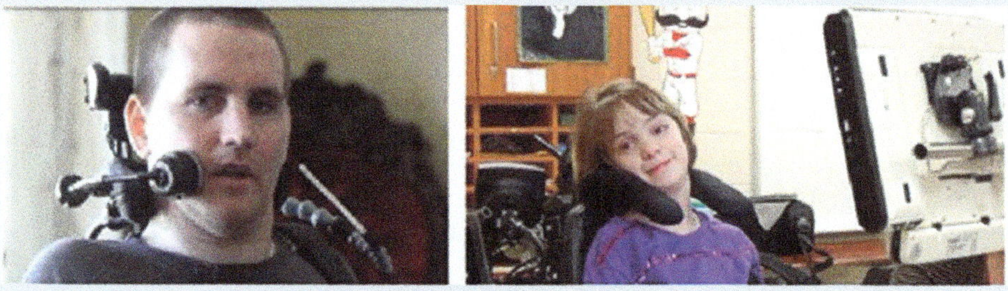

图 5.42　眼动跟踪技术的应用

根据眼凝视跟踪构造的界面称为注视用户界面（attentive user interfaces，AUI）。1985 年，麻省理工学院 Bolt 开发了第一个 AUI——用眼动进行管弦乐编制的动态窗口。他在显示屏上设置了可用视线注视选取播放的 40 段乐曲图像用于乐曲创作。2005 年，Josson 介绍了用 Tobii 眼动仪控制游戏，与语音识别、电子枪、头部跟踪仪一起提高游戏的沉浸感。游戏图像可随着玩家的视线不断变换，游戏的恐怖程度根据眼睛闪烁程度和 Tobii 记录的恐惧表情进行调整。在游戏中通过视线数据统计，或让怪物出现在不常注意的区域，或让故事情节按照用户感兴趣的方向发展下去等途径增加游戏的可玩性。斯坦福大学 Kumar 等于 2007 年提出一种新界面理念——视线改良的用户界面设计（gaze-enhanced user interface design，GUIDe），将眼动和鼠标一起作为交互方式，其中眼动仪作为主要的输入设备，键盘、鼠标作为补充。他们认为，未来的 GUIDe 将和视线翻页技术结合，创造新的、对任务反应迅速的视线翻页技术。2013 年初，Samsung 推出了基于这种思想的 Galaxy S4 智能手机，新增基于眼凝视追踪功能的眼控滚动和基于人脸识别的智能暂停功能。眼控滚动功能主要应用于网页浏览和电子书阅读等。当用户眼睛处于屏幕底部位置时，Galaxy S4 将允许显示界面自动上调，实现智能滚动功能。

第 6 章

新型虚拟现实的特点分析

6.1 新型虚拟现实系统

经过数十年的发展，虚拟现实已经在各个领域发挥作用。本章将从国防军事、医疗健康、空间技术、装备制造等领域介绍近年来出现的几种新型虚拟现实应用系统。

6.1.1 国防军事

重点阐述 DARPA 支持研发的新系统。

1. Plan X

Plan X 是由 DARPA 制定的一项远景计划，如图 6.1 所示。DARPA 宣布的这项计划旨在让美国士兵进入一个虚拟化的网络世界击败敌方进攻。该

图 6.1　Plan X 示意图

计划将在 2017 年 10 月提供给美国国防部和美国军方的网络司令部。在演示中，用户使用体感游戏控制器 Razer Hydra 导航。首先，从一系列任务中选择一项任务，每项任务都对应某个计算机网络，然后选择采取何种行动。通过不同的工具，可以进攻对方的网络，或者防御对方的进攻。士兵可利用 Oculus Rift 头盔进行网络攻击对抗。DARPA 于 2015 年展示的平板电脑触摸屏设备可以显示 Wi-Fi 和蓝牙信号分布，最新版设备能够创建实时三维全息图像。头盔可以将电子打击形象化，避开了抽象而又复杂的技术，只为指挥官们提供制定反击行动所需的信息。

2. ULTRA-Vis

形式为便携式可穿戴显示系统的城市指挥人员战术反应，意识和可视化 (urban leader tactical response，awareness & visualization，ULTRA-Vis)，能够显示用户当前位置周围的相关数据，帮助指挥人员从复杂的战场环境中识别敌友和任务目标。与 Google Glass 直接将信息投射到用户的虹膜不同，ULTRA-Vis 通过全息影像方式将信息叠加到用户看到的真实景物上。ULTRA-Vis 通过动作传感器追踪用户的头部运动，用 GPS 记录用户位置，将固定标记显示在用户看到的真实物体上。这对于士兵非常实用，可以在任务开始之前标记目标点和图中的路标。在该系统中，指挥员可以决定所获取的信息范围，如选择统计五公里范围内友军兵力。用户还可以将其作为通信工具与同伴、基地或者同一作战地区的其他友军（如空军支援）保持联系。系统还能通过无人机等设备提供裸眼范围不可见的视频信息。ULTRA-Vis 目前还是一种原型系统，如图 6.2 所示，还在根据士兵使用后的反馈意见进行改进，增强实用性。

图 6.2　ULTRA-Vis 示意图

3. ARC 4

为了给地面部队提供支持，DARPA 的 ULTRA-Vis 系统在士兵视野内的可视物上方提供全彩色图形标注，将航空器、潜在危险位置进行可视化提示，甚至在士兵视距范围外也能够进行检测。系统也能根据 DARPA 信息为士兵提供导航、报警等信息。应用研究协会（Applied Research Associates，ARA）是该项目的主要合作商，最终研制出增强现实软件 ARC 4，如图 6.3 和图 6.4 所示，可以集成多种不同的可穿戴设备，如 BAE 系统、Lumus、Vuzix、Exelis 等，还提供头部跟踪算法追踪用户位置和朝向，在用户视距范围外交流图标、图像、信息等内容。历经六年研发的抬头显示系统（heads up display system）为用户提供了实时地理注册信息功能，已经

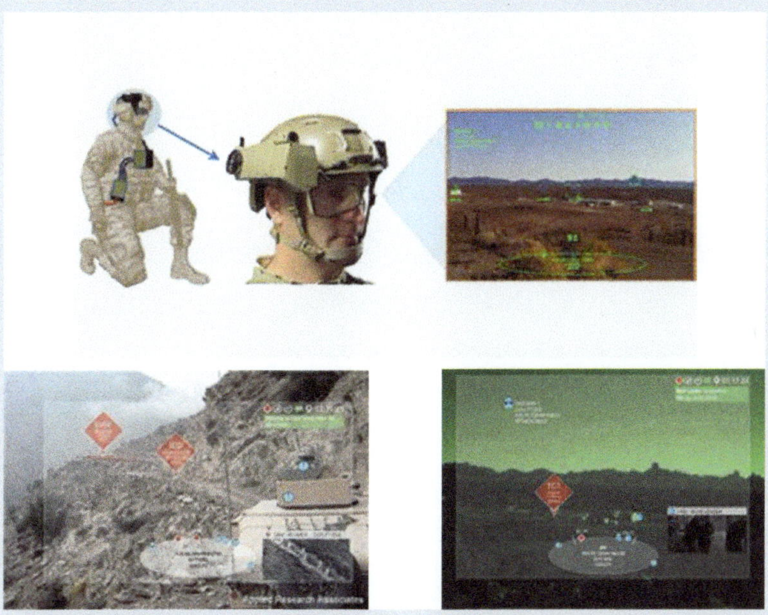

图 6.3　ARC 4 军事增强现实应用系统示意图

图 6.4　ARC 4 商用增强现实系统示意图

应用于视频游戏和车辆驾驶领域，可以在用户无需低头看指示的情况下为其提供增强的态势感知。在军事应用方面，抬头显示系统将虚拟替身（avatar）投射到定制的户外运动决策试验中，可以提供情报、上级命令、控制信息等，协助用户进行团队作战。

4. 士兵超级感应（soldier super senses）

DARPA 提出 Squad X core technology services 的目标是将部队挂载的传感器与战场上的所有传感器相连接，从而为部队提供更好的当前态势感知。军事行动负责人能够很清楚地看到己方所处环境的状况，这些视频通过附近的无人机和航空飞行器等拍摄，如图 6.5 所示。

图 6.5 超级士兵感应器示意图

6.1.2 医疗健康

医疗健康是虚拟现实重要的应用领域，包括外科手术模拟、康复训练、机器人手术和技能培训等。虚拟现实技术可以使医护人员在一个安全的虚拟环境里学习新技能或者提高已有技能，而不会给病人带来风险。

1. HumanSim 系统

HumanSim 系统允许医护人员在虚拟环境中与病人进行互动，如图 6.6 所示。这是一种沉浸式试验，在护理过程中通过一系列传感器对参与的医护人员的心理进行量化度量。HumanSim 使用授权的技术提供全新的急救培训能力，培养全面的护理专业人员。HumanSim 使用先进的实时人体生理模型引擎，通过浏览器的 GO 平台及移动设备，促进自主学习和团队训练。HumanSim 是先进学习技术（advanced learning technology）系统的组成部分，该系统利用模拟器和基于数字游戏的学习范例提高学习效率，增加用户能力，降低培训成本。GO 平台是面向浏览器的、身临其境的培训和教育平台，基于 Epic Games Unreal Engine 3 引擎设计实现，由连接到后端服务器设施的 ActiveX/Netscape 插件组成。内容发布平台通过 Web 服务器提供内容插件、接口访问页面。一个插件实例允许用户在三维休息室或者展示环境中见面和交谈，并且可以为用户提供到其他插件的导航。

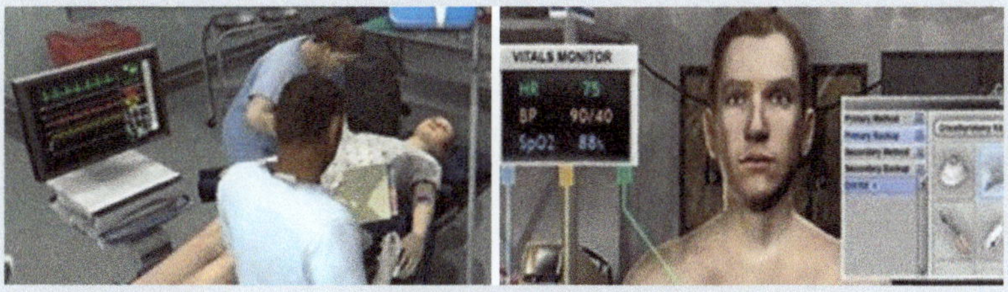

图 6.6　HumanSim 模拟场景界面

2. 恐惧症治疗

路易斯维尔大学研究了多种恐惧症治疗方法，包括飞行恐惧症、社交恐惧症、公众演讲焦虑症、恐高症等。临床医生和认知行为疗法专家使用计算机系统 Virtually Better 实现虚拟现实治疗。在安全的环境中揭示导致病人产生恐惧的环境因素，训练他们克服恐惧，建立有效的应对技能，如图 6.7 所示。通过头戴式显示器和立体声耳机，将虚拟环境呈现给病人，使病人在一个可控的环境中面对他们的恐惧，因此具有方便、可信度高、用户可以控制刺激强度等优势，避免了现实中暴露疗法无法让病人自主调控的缺点。虚拟现实治疗的优势在于：无需离开病人的房间，实现对恐惧试验的全程控制；该治疗的任一环节都可以不断重复，从而帮助病人降低恐惧和焦虑，既消除了潜在的物理伤害风险，又消除了在公共场所进行治疗的尴尬问题。

图 6.7　路易斯维尔大学虚拟现实治疗

3. 残疾康复

截肢病人通常要忍受换肢疼痛的烦恼，原因在于他们仍能感受到被切断肢体的存在。虽然该病症尚无有效疗法，但医学杂志 *Frontiers for Neuroscience* 介绍了一种新的虚拟现实疗法来缓解该病症带来的痛苦。患者戴上头戴式显示器进入虚拟现实世界后，不仅能够感受到自己肢体的存在，还能控制虚拟肢体完成特定动作，并通过该过程实现康复治疗。

6.1.3 空间技术

1. NASA 的研究工作

NASA 研究与应用虚拟现实技术已有多年，特别是在模拟训练方面。近几年推出的应用更多地关注于改进长时间在空间站执行任务的宇航员生活质量和心理健康。针对空间站执行长期任务的宇航员存在的心理等问题，NASA 设计了虚拟空间站（virtual space station），如图 6.8 所示，模拟并处理宇航员团队在相处过程中可能出现的各种状况，预演宇航员的个人心理健康、压力疏导和整个团队间的合作相处、冲突处理，使冲突矛盾在虚拟环境中得到体现，以便于更好地解决。

宇航员在虚拟系统中经历的情节是根据 29 位现役或者退役宇航员的真实经历设计的。目前，开发者仍在不断增加、更新情景，包括动画、音频和视频等形式内容，描述空间飞行过程中可能出现的冲突或者心理问题。例如，当飞船出现问题，提示不需要向地面控制中心报告问题时，宇航员是选择自己处理，还是让问题可能发展得更严重。系统经过了研究人员在南极探险过程中的测试。南极探险过程与空间飞行类似，都需要与世隔绝较长时间，更需要团队的合作意识。

图 6.8 虚拟空间站

2. 无人机与虚拟现实技术结合

无人飞行器控制靠目视或者飞行器内置摄像头传回的实时影像进行调整，由于飞行速度、人眼视角和镜头视角等多方面的限制，难以快速对周围环境做出直观判断，会影响对无人飞行器的控制。为此，Parrot 公司将虚拟现实技术与无人飞行器相结合，用户通过头盔显示器置身于无人飞行器之内，改变无人飞行器的控制方式，以第一视角控制飞行器，如图 6.9 所示，用户以机内视角进行控制，在较小的室内空间以较高速度飞行。

图 6.9　Parrot 公司 CEO Henri Seydoux 使用 Skycontroller 操作 Parrot Bebop drone

6.1.4　汽车制造

1. 福特：利用虚拟现实技术设计汽车

从 2000 年开始，福特汽车公司（以下简称福特）在汽车设计过程中使用虚拟现实技术，并提出“寻求能被感知的汽车质量，可以在汽车生产之前，就能让用户看到汽车的设计并进行体验”的目标。针对该目标，福特构造了沉浸式实验室（immersion lab），在房间中设置了一块 15ft×9ft、4000 分辨率显示屏。员工佩戴虚拟现实头盔后，可以观察体验汽车的外观和内部情况，其余人员则通过大屏幕查看体验效果，如图 6.10 所示。开发人员也可以观察许多细节，如灯光的位置、尺寸和亮度，以及其他设计元素的位置和形状等。2013 年，福特通过沉浸式实验室检查了 193 款虚拟原型汽车中超过 13.5 万个细节，并将沉浸式实验室与福特 CAD 系统连接起来，发现问题后就直接进行设计修改。

通过虚拟现实技术还可以使设计人员在构造的不同环境条件下查看汽车，如模拟阳光、夜景、多云天气等，了解在这些条件下汽车的外观表现是

图 6.10　福特沉浸式实验室内部展示

非常必要的。福特的产品设计流程通常从简单的草图开始，逐步形成复杂的设计。在整个设计的不同阶段，引入虚拟现实，沉浸式地测试体验设计效果，大幅度缩短设计周期，降低研发新车成本。福特已在墨尔本构建了这种设施，以后还计划在德国、中国、印度和巴西等国家建造类似设施。

2. 奥迪：利用虚拟现实展示新产品

奥迪汽车公司（以下简称奥迪）使用虚拟现实技术为购车用户展示车辆信息并对车的个性化进行设计。顾客戴上奥迪提供的 Oculus Rift 头盔显示器，可以沉浸在自己挑选的不同配置的虚拟汽车中，看到可供用户选择的汽车自定义选项，包括车身颜色、座椅皮革、镶嵌饰物、电气系统和娱乐设施等。用户移动头部，能够获得在车内环顾四周的感觉，如图 6.11 所示。Oculus Rift 头戴设备与 B&O 耳机配对，用户可以听到车内的声音，听到车门关闭，体验汽车音响系统。奥迪的虚拟现实汽车体验系统已经在欧洲的 16 个经销处开始运营。今后将陆续配备给各地的奥迪经销商，为客户提供对不同车辆配置的沉浸式体验。

图 6.11　奥迪展厅虚拟体验

3. 丰田：利用虚拟现实开展行为教育

为使驾驶更加安全，丰田汽车公司（以下简称丰田）针对青少年及父母研发出一款名为 TeenDrive365 的虚拟现实驾驶模拟器，由 Oculus VR 公司为该模拟器提供设备，使训练驾驶者在开车过程中能够抵抗干扰，避免注意力分散。干扰驾驶模拟器内置一些干扰活动，如响铃的手机、在后座上喋喋不休的朋友等，如图 6.12 所示。为了让模拟更加逼真，系统还加入了类似短信和无线电噪声干扰，以考验使用者是否专注驾驶。在音频方面，Real-Space 3D 可以让使用者感受到“真实”的声音方向及深度。目前，该系统配置在一些美国的旅游地点，可免费使用。

图 6.12　TeenDrive365 系统截图

4. 远程驾驶

在韩国现代汽车公司主办的创意嘉年华活动上，出现了一款基于虚拟现实技术开发的概念产品——Avatar Drive。通过虚拟现实驾驶系统 Avatar Drive，实时远程遥控车辆进行加速、刹车和转向。车内摄像头可将驾驶员视线范围内的图像传输至虚拟现实头盔显示设备，如图 6.13 所示。

图 6.13　Avatar Drive 远程遥控驾驶系统

开发人员称，Avatar Drive 同样具备无人驾驶功能，不过尚处在初级测试阶段。此外，手动接管模式仍需进行大量实验改进。实际操作过程中，驾驶员可以在任何时候夺回控制权，所以装有 Avatar Drive 系统的汽车安全性很高。

5. 空气触感与虚拟现实技术结合

手势操作技术已逐步趋向成熟，如 Leap Motion 等设备，但缺陷是真实的触感不足。英国 Ultrahaptics 公司开发出新型的浮空操作技术，空气作为触觉传导介质，实现无数据手套的触控体验。Ultrahaptics 公司的核心设备是外设垫，能够发出 40kHz 频率的声音。这块外设垫置于手的上方，能够使用超声波创造出物理触感，使用户体验边缘、平面等不同触感，如图 6.14 所示。在游戏操作、全息等领域有应用前景。

图 6.14　空气触感装置

6.2 新型虚拟现实系统特点

通过对虚拟现实技术发展趋势和一些新型虚拟现实系统的分析，可知新一代虚拟现实系统将具有如下特点。

6.2.1　设备价格大众化

2015 年 1 月，Google 公司停止了 Google Glass 的“探索者”项目，其原因除了缺少应用、分散注意力、侵犯隐私、设备缺陷等原因外，关键在于销售成本过高，难以大范围推广。Google Glass 所遭遇的尴尬被表现更好和接受程度更高的可穿戴虚拟现实和增强现实硬件所化解。在不远的将来，普通用户将不再需要内行指导或者花费数千美元才能感受可穿戴体验。许多头戴式显示设备，如 Samsung GearVR 和 Google Cardboard，售价不高、效果好，能够被人们所接受。这些设备将虚拟现实硬件转换为价格可接受且实用的智能手机外设，成为针对所有消费者的新媒体设备，而不再只是针对高端游戏玩家的游戏设备。此外，更多的高端显示系统，如 Meta、Magic Leap、Glyph 和 Microsoft HoloLens 等，都将加大研发力量，争夺这块新兴市场。

6.2.2　硬件设备小型化和轻量化

根据 MIT 的技术评论，未来大众消费者体验虚拟现实的主导方式将是使用移动设备。虚拟现实概念提出之初，研究人员就致力于将庞大、昂贵、产生酷炫效果的设备轻便化。目前市面上智能手机为终端支持的虚拟现实头盔已有数十种，如 VRAse 头盔、Vrizzmo 头盔、Samsung 的 Gear VR 系列，以及 Google 著名的 Cardboard 纸壳虚拟现实头盔。这些设备移动便捷，深受用户欢迎。虽然为用户提供的沉浸感不如 Oculus Rift、Sony Project Morpheus 和 HTC 等连接计算机的头戴显示器，但能够让普通用户体验虚拟现实内容，实现用户数量的增长。在可以预见的未来，随着移动设备计算能力的提高和虚拟现实技术的发展，移动虚拟现实将成为主流。

6.2.3　虚拟现实技术更加市场化

越来越多的行业和企业通过虚拟现实或增强现实系统给专业人员和用户带来沉浸感，从中获取专业和商业价值。早期利用虚拟现实和增强现实进行销售和市场营销，倾向于二维码引用，如可以从海报或者产品上启动一段视频；现在更有吸引力的虚拟现实和增强现实应用在行业和商业销售市场上出现，如 2014 年的 AZEK 3D 虚拟器、路虎汽车的虚拟展示屋，以及类似 Daqri 的智能头盔等工业应用。今后将有更多的创新性虚拟现实应用在更多领域推广。

6.2.4　更加注重用户体验

零售企业利用虚拟现实技术让用户更好地体验产品。Lowe’s 公司创造了 Lowe’s Holoroom，将服务聚焦在用户体验与店内互动。IKEA、Moosejaw 和 Ballard Designs 于 2012 年就开始在店内装备增强现实设备。2014 年，从零售便利商店 Hess Express 到具有传奇色彩的分类零售公司 Hammacher Schlemmer，都装备店内增强现实应用。

2014年，Marriott制作了提供虚拟旅游体验的设施Teleporter，其外形像电话亭，除了虚拟现实头盔以外，还有震动、热风、音效和气味等。Volvo公司使用Google Cardboard的虚拟驾驶测试让消费者体验新款XC90 SUV。现在，越来越多的各类虚拟体验应用不断出现，如虚拟婚礼、虚拟家庭聚会及虚拟公司会议等。

6.3 虚拟现实技术发展趋势

虚拟现实在许多行业领域解决了以往不能解决的实际问题，其不可替代性日益显现。应用领域的深入与拓展，对虚拟现实技术也提出了许多新的需求。这些需求最为突出的是智能化，也就是说未来虚拟现实系统的特征将由3I成为4I（增加了intelligent）。

虚拟现实的概念于20世纪60年代初提出，经过数十年的发展，逐步成为支撑各行业发展新的信息技术支撑平台，对一些传统技术和产业的颠覆性影响日益显现，例如，突破目前以二维为主的显示，实现三维及未来的真三维显示；突破屏幕物理尺寸的局限，实现全景显示和体验；可以抛开目前的键盘、鼠标，实现手眼协调的人机自然交互；可以突破时空界限，把用户带入未来或过去的时空环境。有助于实现上述颠覆性的基础理论与关键技术是虚拟现实技术发展的必然趋势。另外，由于“虚拟现实+”的发展，应用领域不断拓展和深化，给虚拟现实技术提出了许多新的需求。与此同时，自然交互、可穿戴设备、移动终端、人工智能、云计算及大数据等领域的技术进步也给虚拟现实技术发展趋势带来重要影响。总之，自身技术发展驱动、相关领域技术进步融合影响及需求牵引共同决定了虚拟现实技术的未来发展趋势。

目前虚拟现实面临的挑战主要体现在智能获取、普适设备、自由交互和感知融合4个方面。虚拟现实技术分为数据获取与分析、对象建模与呈现、人机交互与传感、系统评价与验证4类。4类技术均存在硬件平台与装置、核心芯片与器件、软件平台与工具、相关标准与规范及“虚拟现实+”各行业领域的内容与应用等一系列科学技术问题，总体来说呈现如下发展趋势。

6.3.1 虚拟现实系统智能化

目前虚拟现实建模主要集中在虚拟环境与对象的固定拓扑几何建模和动力学物理建模上。如何建立可变拓扑几何模型和更为全面的物理模型，甚至建立可自我演化、具备一定生命力的智能、生理模型，使虚拟现实系统不仅在视觉上有更逼真的表达，而且在功能和环境/事件的动态演化、活体对象行为的智能化等方面也有逼真的体现。

现实世界对象包含复杂、动态、多源、海量的信息，如何高效采集海量信息，对大数据进行自动化分析、建模，使虚拟现实系统能真实表达瞬息万变的现实世界，与现实世界同步，这是虚拟现实建模过程的智能化问题。总之，未来虚拟现实系统特征将由 3I 向 4IE（增加 intelligent 和 evolution）发展。

6.3.2　虚实环境对象无缝融合

以图形素材建模和图形渲染为主的虚拟现实向图像和视频素材建模技术拓展，形成新的全景直播应用领域。随着透视式光学头戴显示器性能的不断提升，基于图形与图像融合技术的增强现实逐步向图形与现实景物直接融合发展。这可以进一步扩大虚拟现实应用的范围，增强虚拟现实表现的真实感，给军事、医学、装备制造、旅游、娱乐等领域带来颠覆性影响。

6.3.3　自然交互全方位与舒适化

虚拟现实自然交互技术将全面发展，在视觉感知领域，虚拟现实和增强现实头盔、眼镜一体机化，定位跟踪实时精准，性能不断提升，重量和价格不断降低；裸眼三维显示、真三维显示技术与设备可望取得新突破。在听觉领域，同声传译技术是一个发展方向。在触感领域，除触力觉反馈更加精准，关于柔韧感、温湿感的研究也会取得进展。各种运动捕获技术和设备更加丰富、轻巧舒适。此外，也会有更多关于味觉和嗅觉的研究成果。

随着上述自然交互技术的发展，体验感好、经济耐用、便于携带的轻量化、沉浸感虚拟现实设备将成为大众喜爱的产品。

6.4　重大虚拟现实基础平台和应用设备开始出现

随着虚拟现实理论和关键技术的发展，以及应用领域的巨大需求，虚拟人体、虚拟海洋、虚拟生物等一些会对相关行业领域带来颠覆性影响的虚拟现实基础平台开始出现。手术模拟器、虚拟样机等“虚拟现实+”应用系统出现在各行业，为相关行业带来升级换代式发展且有利于新产业的发育。在这一过程中，我国要力争在虚拟现实领域形成全面的国际竞争力，包括有知识产权的硬件设备，如数据采集、头戴显示、裸眼三维、定位跟踪、体感自然交互等；虚拟现实芯片与核心器件，如 GPU、PPU、专用芯片、传感器等；有知识产权或我国主导的开源平台软件与研发工具软件，如图形引擎、物理引擎、建模工具、视频图像处理软件等；虚拟现实标准，如硬件设备、软件、数据、模型、接口等的标准。

第 7 章

虚拟现实产业分析

虚拟现实早期主要应用于国防军事、航空航天、装备制造和城市管理等重要行业，后来逐步进入文化娱乐、电子商务、教育培训和医疗健康等普及型大众消费领域，特别是近两年，Facebook、三星、Microsoft、Google、Sony、阿里巴巴、百度、联想、腾讯、小米、360 和乐视等国内外知名厂商纷纷介入虚拟现实领域，推动了虚拟现实产业的发展。

根据国际著名投资银行 Digi-Capital 发布的最新报告，2020 年全球虚拟现实与增强现实市场规模将达到 1500 亿美元，其中增强现实市场规模为 1200 亿美元，虚拟现实市场规模为 300 亿美元。市场研究机构 BI Intelligence 预测，2020 年头戴式显示器市场规模将达到 28 亿美元，未来 5 年复合增长率超过 100%。另有报道称，到 2016 年国内虚拟现实相关硬件的出货量预计达到 7530 万台，市场规模为 169.4 亿元。国际著名信息技术研究和分析公司 Garter 指出，人们对虚拟现实的美好期盼已转化为现实收益初期，虽然其具体技术和市场效益点明确，但还需要进一步形成大众普遍满意的技术方案，并开发出有确切说服力的应用，再过 5～10 年可能形成大规模产业。信息技术及科技咨询公司 IDC 预测，2016 年我国虚拟现实设备出货量将达到 48 万台，同比增长 476%，虚拟/增强现实产业将迎来爆发式增长。

2016 年 1 月，高盛发布了《虚拟现实与增强现实：解读下一个通用计算平台》的行业分析报告，指出虚拟/增强现实目前处于发展的初期阶段，未来将如同 PC 一样改变世界。在市场营收方面，该报告对 2025 年虚拟/增强现实软硬件市场营收给出了悲观、标准、乐观三种预测，分别为 230 亿美元、800 亿美元和 1820 亿美元。在标准预期下（800 亿美元），将超过全球平板电脑（630 亿美元）、台式计算机（620 亿美元）和游戏机（140 亿美元）的市场营收，低于电视机（990 亿美元）和笔记本电脑（1110 亿美元）的市场营收。在乐观预期下，到 2025 年，将达到 1820 亿美元的市场规模（硬件为 1100 亿美元，软件为 720 亿美元）。届时，头戴式显示设备将从小众产品发展为通用计算平台，用户体验大幅提升，移动性和电池续航问题均得以解决。1100 亿美元的硬件规模与当前笔记本电脑的市场规模（1110 亿美元）和电视机的市场规模（990 亿美元）相当。该分析报告给出了对未来产业最有意义的 9 大应用领域，其中推动虚拟现实未来产业规模发展的主要在大众消费领域，包括视频游戏、事件直播、视频娱乐、医疗保健、房地产、零售和教育等方面，同时在传统的高端领域即工程、军事方面也将持续发展。报告预测虚拟/增强现实技术将率先颠覆房地产、零售和医疗保健行业当前的业务模式和交易方式。2020 年，虚拟现实视频游戏营收将达到 69 亿美元，2025 年将达到 116 亿美元；事件直播将成为受欢迎的虚拟现实应用，预计 2020 年用户数量为 2800 万，市场营收规模将达到 7.5 亿美元，2025 年用户数量将增加到 9500 万，其市场营收规模将达到 41 亿美元；视频娱乐领域到 2020 年市场规模将达到 7.5 亿美元，2025 年将达到 32 亿美元；医疗保健业到 2020 年营收将达到 12 亿美元，2025 年将达到 51 亿美元；房地产业到 2020 年市场营收规模将达到 7.5 亿美元，2025 年将达到 26 亿美元；2020 年虚拟现实零售软件营收规模将达到 5 亿美元，2025 年将达到 16 亿美元；2020 年教育业的市场规模将达到 3 亿美元，2025 年将达到 7 亿美元。在这 7 大应用领域中，只有视频游戏、事件直播和视频娱乐 3 大领域将完全由消费者推动，占虚拟/增强现实整体营收预期的 60%，剩余 40%将由企业和公共部门推动。

2016 年 3 月，德意志银行发布的虚拟现实报告指出，正如 2007 年手机的发展趋势，移动端虚拟现实将在几年内超过 PC 端虚拟现实，虚拟现实领域发展前景光明，虚拟现实产业发展面临的最大挑战仍然与技术突破有关，需要突破全沉浸感技术，使人类大脑完全处于全新的虚拟世界之中，并能实现自然交互。

在过去两年中，据不完全统计，虚拟/增强现实领域共进行了二百多笔风险投资，投资额达 35 亿美元。国外对虚拟/增强现实的融资案例持续发生，许多大公司均有投资行为，融资规模也相当大。2015 年，Jaunt 公司从 Google Ventures 和 Highland Capital 获得了 6500 万美元 C 轮融资；而 Magic Leap 公司的 C 轮融资达到 8 亿美元。

在国内，2015 年下半年不断有新的基金把关注目光投向虚拟现实领域，以投天使轮、A 轮为主的专门的虚拟现实基金陆续涌现。2015 年 11 月，国内二级市场第一次热炒虚拟现实概念股，引发大量二级市场投资资本机构的关注，也进一步吸引一级市场投资机构及个人投资者关注并介入虚拟现实。

目前，国内先期进入虚拟现实领域的企业，尤其是硬件与平台型企业，均获得资本的青睐，不少企业拿到了天使轮和 A 轮融资，包括睿悦、3Glasses、乐相科技在内的企业都在 2015 年完成了 A 轮和 B 轮融资，B 轮融资额度均接近亿元。其中，暴风魔镜 A 轮 1000 万美元融资的背后已有两家上市公司；以虚拟/增强现实与动漫业结合为发展核心的广州创幻数码科技有限公司获得美盛文化的增资 1750 万元；睿悦信息完成 B 轮 8000 万元融资，由和智资本领投，毅达资本等多家投资机构跟投；小鸟看看通过若干自然人天使轮融资数千万元；灵镜 VR 登录淘宝众筹，不到一周时间即完成众筹目标，获得近 300 万元。

在我国，许多地方政府也开始关注虚拟现实产业的发展。青岛市较早开始部署虚拟现实产业基地，与北京航空航天大学、歌尔声学共同建设虚拟现实产业技术研究院和虚拟现实产业基地。南昌市、福州市以及贵州省也于 2016 年先后宣布打造虚拟现实产业基地。另外，多家学术机构、虚拟现实企业和投资商于 2015 年 11 月联合建立了中国虚拟现实与可视化产业技术创新战略联盟，共同推进虚拟现实产业的发展。

通过梳理虚拟现实技术、应用和产业发展脉络，将虚拟/增强现实产业链划分为硬件、软件和内容、应用和服务三大部分，产业参与主体包括硬件制造商、数据和软件生产商、内容提供商、内容平台服务商、系统研发和服务商、消费者六大类。下面从虚拟现实产业链的上游、中游、下游三方面分析虚拟现实产业的现状和未来增长点。

7.1 虚拟现实产业现状

7.1.1 虚拟现实硬件产业现状

虚拟现实硬件指与虚拟现实技术领域相关的硬件产品，是虚拟现实产业链的上游。虚拟现实硬件的不断发展和成熟，是降低虚拟现实入门门槛、推动虚拟现实普及应用的前提。除计算机及其传统输入输出设备外，常用的虚拟现实硬件设备大致分为四类：一是建模硬件设备，如三维扫描仪、全景相机、Kinect 等；二是三维输出硬件设备，如三维显示器、大型投影仪、CA-VE（cave automatic virtual environment）、头盔显示器、三维眼镜及三维打印机等；三是声音硬件设备，如三维声音系统、音源定位器等；四是交互硬件设备，如数据手套、动作捕获仪、眼动仪、力反馈设备和多自由度运动平台等。

从规模来看，虚拟现实硬件产业目前仍属小众产业。全景相机、三维显示器、CAVE、三维眼镜、三维声音系统、数据手套、眼动仪、力反馈设备和多自由度运动平台等虚拟现实硬件设备的单品出货量相对较小，总产值不大。下面选取市场规模较大的三维加速卡、头盔显示器和三维打印机等典型虚拟现实硬件来分析虚拟现实硬件产业的现状。

1. 三维加速卡

高性能显示卡是保证虚拟现实系统沉浸感不可或缺的核心硬件。目前，AMD、NVIDIA是两家最大的三维加速卡厂商，十多年来在显卡市场上竞争发展，为降低虚拟现实的入门门槛做出了巨大贡献。

从开始有统计数据的2003年第3季度起，AMD（初期为ATI）的市场份额是40%，NVIDIA是53%。2004年第1季度NVIDIA的市场份额提高到61%，AMD降到37%，之后AMD的市场份额开始提升，并在2004年第4季度以55.5%的市场份额实现逆转，NVIDIA的市场份额为41.5%。AMD/ATI的领先持续到2005年第3季度，随后被NVIDIA超越，NVIDIA在GeForce 8000及以后的显卡时代越来越强势，市场份额维持在60%左右，AMD则在40%附近波动，最高值是2012年第2季度的40.3%，2014年第2季度份额达到37.9%后开始下滑，2015年第4季度统计的独显市场份额中，AMD仅占24%，而NVIDIA则历史性地达到76%。截至2015年8月底，NVIDIA已占有高达82%的显卡市场份额，AMD则只占据18%。

PC需求的萎缩导致2015年第2季度全球显卡市场出货量整体下跌。独立显卡的销售量下降16.81%，出货量也下降17.07%，相比2014年同期下降26.27%。NVIDIA（NASDAQ：NVDA）发布的2015年第1季度的财务报告显示，该季度营收为11.03亿美元，同比增长16%，环比下滑4%；净利润为1.365亿美元，同比增长75%，环比下滑7%。考虑到平板电脑和智能手机的冲击，市场调研公司JPR（Jon Peddie Research）调低了桌面和笔记本显卡2015年的出货量预期，但是从2011年到2016年的复合增长率仍达到9.8%，到2016年，全球显卡市场规模为7.43亿块，市场规模仍然很大。

2. 头盔显示器

2014年11月，社交网络巨头Facebook斥资20亿美元收购头盔显示器公司 Oculus VR，点燃了全球 IT 企业巨头关注虚拟现实技术的热情，国内外众多企业和新创公司涉足虚拟现实领域，各类头盔显示器层出不穷，甚至出现了“虚拟现实就是头盔显示器，头盔显示器就是虚拟现实”的误区。本书第 5 章介绍了多种类型的头盔显示器，给出了主要参数，系统分析了不同类型头盔显示器的工作原理。可以看到，头盔显示器并不是什么新事物，早在 1965 年，Sutherland 就设计出光学透视式头盔显示器，只是近两年出现的新的头盔显示器热让人们看到了虚拟现实进入大众消费的希望，成为虚拟现实产业爆发式增长的重要推手。Greenlight VR 评估公司的统计结果表明，全球以头盔显示器相关硬件为核心产品的公司，从 2012 年的 60 余家，猛增到 2015 年的 160 余家，增幅超过 250%。这些新增的公司大多成立于 2014 年下半年，成立时间不到 1 年的比例为 47.9%。美国公司占据虚拟现实公司一半的份额，加拿大、西欧各国、日本、澳大利亚和中国都有多家从事头盔显示器相关产品研发的企业。

近 5 年，投资机构也大量投资头盔显示器相关企业，约有 160 余家机构活跃于虚拟现实行业，已投入资金约 7.46 亿美元。2015 年 1～6 月，头盔显示器相关企业已吸引投资 2.8 亿美元，较 2014 年增长 52%。但是数据表明，约有 90%的投资机构只投资了一家企业，这也表明在虚拟现实融资额不断创出新高时，绝大多数投资机构对虚拟现实的发展前景仍持谨慎观望态度。

我国在虚拟现实硬件产品研发和服务方面已经涌现出多家代表性企业，其中上市公司已有十余家，包括欧菲光、水晶光电、川大智胜、哥尔声学、长江通信、晶方科技、华力创通、利达光电、金龙机电、得润电子、硕德贝、易尚展示和暴风影音等。暴风影音是国内头盔显示器行业的领军者之一，2014 年 10 月正式推出首款头盔显示器设备“暴风魔镜”，利用手机实现三维模拟效果。2015 年 3 月，暴风科技登陆深圳创业板，正是得益于虚拟现实概念，上市后创下连续 35 个涨停板的股市新纪录。

截至 2015 年 8 月，已有多家国内头盔显示器相关企业获得投资，其中，暴风魔镜、北京蚁视科技有限公司分别获得 1000 万美元 A 轮投资，3Glasses 公司获得 3000 万元人民币 A 轮投资，灵镜 VR 获得千万人民币以上 A 轮投资，VirGlass、Depth-VR 等也获得了数百万人民币的投资。

在虚拟现实企业大量吸金的同时，多家公司的估值呈现暴涨趋势。成立两年的 Magic Leap 公司在 2014 年 10 月的估值已达到 120 亿美元，国内的头盔显示器厂商北京蚁视科技有限公司的估值在一年内增长了 100 倍，达到 2.1 亿美元。市场研究机构 BI Intelligence 预计，2020 年头戴式虚拟现实硬件市场规模将达到28亿美元，未来5年的复合增长率将超过100%。

7.1.2 虚拟现实软件和内容产业现状

虚拟现实软件是指应用于虚拟现实制作、虚拟现实系统开发的软件平台和软件工具，通常包括建模软件、绘制软件和网络软件等。虚拟现实内容是采用虚拟现实技术和虚拟现实平台开发的产品或服务的总称，包括虚拟现实游戏、虚拟现实影视、虚拟现实新闻、虚拟现实运动和三维模型等数字媒体，以及各行业的虚拟现实应用。

与虚拟现实硬件产业的快速发展相比，虚拟现实软件和内容产业尚处于形成初期，具有世界影响力的软件和内容领军企业少，产业规模小，生产力较低，与日益增长的行业需求及量大面广的大众消费需求很不相称，迫切需要在深入系统开展虚拟现实技术研究的基础上，形成更多功能强大、方便易用的软件平台和软件工具，提高虚拟现实内容生产力，更好地支撑虚拟现实应用和服务，满足用户需求。

为虚拟现实产业提供研究和数据情报的公司Greenlight VR，搜集、整理和分析了众多国内外虚拟现实公司的资料，于2015年8月制作了一个虚拟现实生态系统地图，涉及150家公司（华人公司3家），分别是头戴显示器、相关硬件、软件和生产力工具、虚拟现实应用、研究和其他服务的代表企业，分为22个种类、11个主要领域。入围这份世界虚拟现实生态地图的150家全球知名企业中，有7家三维Engines软件公司、10家虚拟现实游戏公司、9家虚拟现实电影公司、5家虚拟现实新闻公司、5家虚拟现实运动和音乐公司，即从事虚拟现实软件和内容的企业约占24%，不到1/3。

1. 虚拟现实软件

虚拟现实软件主要分为以建模软件、绘制软件为主的基础软件和面向行业领域的应用层开发平台/工具两大类。

通用虚拟现实建模软件产品有Multigen Creator、3DS MAX、MAYA、ZBrush、MudBox等，工业设计类三维建模软件有UG、Pro/Engineer、SolidWorks、CAXA、AutoCAD、Catia等，影视三维制作类软件有XSI、C4D等，还有大地形建模软件（如TERREX等）和城市建模软件（如City Engine等）；三维图形引擎和平台有国外的VEGA、Virtools、Unity3D、Unreal、CRYENGINE、Quest3D及国内的BH_GRAPH、VRP、Cocos2d-x、WebMax、Nibiru等。

面向行业领域的虚拟现实软件开发平台和开发工具种类繁多，不同行业领域都有大量虚拟现实开发平台软件和工具，以军事仿真领域为例，美国 MAK 公司的系列仿真产品就包括多个软件产品，如三维战场态势桌面显示软件 VR-Vantage IG、三维电子沙盘显示工具 VR-Vantage XR、三维战场态势观察器 VR-Vantage Stealth、战场环境建模及仿真平台工具 VR-Forces、仿真互联工具包 VR-Link、高性能网络软件 MAK RTI、分布式仿真桥接器 VR-Exchange、数据记录与回放工具 Date Logge、网络电子仿真软件 WebLVC 等；我国也有北京神州普惠科技有限公司、中国航天科工集团第二研究院、北京航空航天大学、国防科学技术大学等研制的多个军事仿真软件工具，如 DWK 分布式仿真开发平台、AppWEE 武器效能评估软件、AppDDS 高性能分布式实时应用开发平台、AppSE 三维协同想定制作系统、ArchModeler 体系结构建模工具、AppVL 毁伤评估系统、AppCGF 计算机生成兵力开发支撑平台、RPAS 雷达网部署方案与探测威力分析软件及国产网络软件。

上述虚拟现实软件在各行业领域得到大量应用。一些软件价格高，如 CRYENGINE、Unreal 引擎等，报价超过 1000 万人民币，但由于应用面相对较窄，用户群体有限，其总产值并不高，这导致虚拟现实软件企业的发展相对比较缓慢。

近年来，软件开源已经成为一种趋势。2014 年，GDC 2014 大会上 Epic Games 宣布，每月只要支付 19 美元就可访问 CRYENGINE 4 的所有功能，包括编辑器和源代码。引擎完整的 C++源码库托管在 GitHub 上，但只向订阅用户开放。如果开发者发布了用 CRYENGINE 4 制作的产品，需要将 5%的营业收入上缴 Epic Games 公司。CRYENGINE 引擎开发商 Crytek 公司也宣布了“Engine as a Service”计划，开发者只需要每月支付 9.9 美元就可使用 CRYENGINE 的全部功能，而以往要授权使用 CRYENGINE 引擎，用户需要支付数百万美元的高额授权费。Unreal Engine 4 除开源了工具和全部 C++源代码，还提供了完整的生态系统，使用者可以在论坛中进行交流，把内容添加到 Wiki，参与 AnswerHub 问答，并通过 GitHub 加入合作的开发项目，在 Unreal 商城中购买内容，或者自己创建内容在商城中销售。为帮助开发者入门，Unreal 开放网站提供了大量的视频教程和文档，以及可用于引擎的游戏模板、示例和内容。

英国 Unity Technologies 公司的 Unity3D 顺应移动互联网发展趋势，主打跨平台和易用性，凭借低廉的授权费用，成为全球虚拟现实软件行业的旗帜。Unity3D提供交互式图形化开发环境，编辑器运行在Windows和Mac OS X下，可发布应用至Windows、Mac、Wii、iPhone和Android平台，也可以通过Unityweb player插件发布到网页，支持Mac和Windows的网页浏览。2015年在北京召开的Unity开发者大会上，Unity公布了两组数据：一是采用Unity平台的活跃开发商有70万～100万家，二是每月有上亿人使用Unity开发的虚拟现实应用和产品。网络数据显示，Unity公司的市值目前已达20亿美元。

我国在虚拟现实软件平台的自主研发和市场推广上做了大量工作，取得了一些成果。代表性的软件平台有BH_GRAPH、VRP、Cocos2d-x、Nibiru等。其中，实时三维图形平台BH_GRAPH应用于2008年北京奥运会开幕式节目仿真、新中国成立60周年国庆阅兵方案推演和抗日战争胜利70周年阅兵方案仿真，以及军事模拟仿真训练等，获得国家科学技术进步奖一等奖；VRP是中视典数字科技有限公司开发的虚拟现实软件平台，已应用于多个行业；Cocos2D-x是触控科技开发的以二维为主的手机游戏引擎，2013年市场占有率曾位居世界第二，仅次于Unity3D。

2. 虚拟现实内容

虚拟现实内容主要包括三维游戏、三维动漫影视、电子商务、三维数字模型，以及军事、医疗、航空航天、装备制造等行业应用。虚拟现实行业应用内容已逐步开始研发，未来会对各行业产生颠覆性的影响，并形成新的产业生长点，但发展为规模产业尚需时日。

三维游戏是虚拟现实内容产业的重要支柱。Newzoo公司于2015年6月发布的全球游戏市场研究报告指出，全球游戏市场2015年年度规模将达到915亿美元，同比增长9.4%。以此增长速度推断，2017年全球游戏市场规模将达到1070亿美元，中国将成为全球第一大游戏市场。美国游戏市场规模为220亿美元，有着稳固的主机游戏市场，而智能手机与平板设备游戏的市场规模进一步提高；中国游戏市场规模达到222亿美元，首次超过美国成为全球最大的游戏市场，且中国市场23%的增长率远超亚太地区15%的增长率。将智能手机、智能手表和平板设备的市场规模相加，得到移动游戏的市场规模大致为300亿美元，占整体游戏市场的32.8%。尽管上述数据并未区分二维与三维游戏，但是三维游戏占比逐年上升，三维游戏的市场也越来越大。

虚拟现实与游戏的结合将给玩家带来新颖甚至颠覆性的感受。据国外媒体报道，Sony公司目前有超过30部虚拟现实游戏“在产”，除体育、射击、动作等类别，还有更能体现虚拟现实特点的作品，如益智游戏、休闲游戏及简单的单人探险游戏等。为给用户带来更强的虚拟现实体验，让虚拟射击游戏更加真实，Sony 公司设计了 Move 运动控制模型枪外部设备，以及 PS3's DualShock 控制器的内部架构，这些交互设备带来的更接近真实的用户体验是普通键盘、鼠标及游戏操作手柄无法达到的。

焰火工坊是国内一家虚拟现实内容提供商，致力于游戏、直播、虚拟教育和虚拟旅游等领域的内容研发。2015 年 4 月，焰火工坊推出国内首个虚拟现实游戏的 SDK，5 月发布了国内首个虚拟现实影院系统，并推出国内首个虚拟现实游戏《最后的荣耀 1944》。据焰火工坊官网提供的数据，目前公司的虚拟现实游戏开发平台 VRFires SD 已有近 400 家企业用户，面向市场开发虚拟现实游戏产品。此外，暴风魔镜于 2015 年 4 月发布了全球第一款虚拟现实大型多人互动社交游戏《极乐王国》，让参与者在广阔而真实的虚拟世界中最大限度地体验虚拟现实社交方式与传统社交方式的相似和区别。

投资机构不断投资虚拟现实游戏企业。Google 公司投资了美国的 Altspace VR、Jaunt VR，以及瑞典的 Resolution Games；Mercia Technologies 公司投资了 nDreams；硅谷的投资公司 Andreessen Horowitz 向英国初创公司 Mprobable 投资 2000 万美元；中国的焰火工坊公司也于 2015 年 8 月获得 1000 万人民币的 A 轮融资，公司估值达 1 亿人民币。

与虚拟现实游戏不同，虚拟现实电影是近年刚刚起步的新产业。虚拟现实首次出现在电影节是 2012 年，Nonny 导演的 *Hunger in Los Angeles* 将观众置身于食物银行（给穷人发放救济粮食的地方）门口，让他们亲眼目睹人们因过度饥饿而倒下的场景。随后，虚拟现实电影不断出现。Oculus 成立了虚拟现实电影工作室 Story Studio，并于 2015 年初发布了首部可由用户选择影片长度的虚拟现实电影 Lost，讲述了一个庞大的机器臂在森林中寻找身体其他部位的故事。虽然可以查看的周围环境有限，互动性也不很强，但这已经是虚拟现实电影在叙事上迈出的重要一步。圣丹斯电影节上展映了 9 部虚拟现实电影；Jaunt 发布三部虚拟现实电影预告片，可以用Oculus Rift 在电脑上观看，同时兼容 Android 设备；在 YouTube 上观看三维虚拟现实视频，通过改变手机朝向可改变视频的观看角度；用户可以把手机放在 Google Cardboard 里观看视频；Oculus 首映虚拟现实电影《亨利》，标志着 Oculus Rift 进入一个新阶段，开始将我们带入电影这个更深层次的虚拟现实世界；《复仇者联盟》在 Gear VR 上发布虚拟现实体验：Marvel 公司的电影《复仇者联盟》（Avengers）授权给 Samsung 的 Gear VR，给用户带来了一种全新的体验；Battle for Avengers Tower 是为了推广超级团队的最新影片 *Avengers*：*Age of Ultron* 而设计的 360°全景体验；在我国，虚拟现实电影《活到最后》在北京热拍，该片由中国影像制作公司“兰亭数字”打造，成为中国电影史上首部虚拟现实电影。

虚拟现实技术、硬件与电影相结合，在革新传统观影方式上显示出巨大的潜力，从多方面为观众带来不同的体验，是电影发展的未来。观看虚拟现实电影时，观众将沉浸于全新的空间，甚至会脱离现实。虚拟现实正在帮助电影制作者以更加激动人心的方式展现自己的作品，但要成为电影中不可或缺的工具和要素，虚拟现实仍在前进的路上。

虚拟现实产业的发展面临着诸多挑战：虚拟现实头盔显示器和眼镜尚处在发展阶段，硬件同质化严重，核心的光学解决方案尚未有重大突破；硬件价格的大众化是一大优势，但缺少统一标准，使内容与硬件的匹配成本高；虚拟现实领域人才匮乏，内容开发迟缓；国内虚拟现实厂商发展无序，处于混战阶段，各虚拟现实 APP 间互不兼容进一步造成了用户无内容可选的困境。

目前，许多国内虚拟现实头盔和眼镜厂商都在扶持内容研发，2014 年末，暴风影音宣布开启针对魔镜的内容扶持计划，准备发展 210 家内容合作伙伴，其中扶持 100 个全景拍摄团队。2015 年 8 月，市场调研公司 TrendForce 发布的数据显示，2016 年全球虚拟现实设备的销量将达 1400 万部，并会持续高增长。因此，内容产业未来的发展空间巨大，需求旺盛。我国虚拟现实厂商要瞄准虚拟现实内容产业，抓住机遇，力争占领这一新的巨大消费市场。

7.1.3　虚拟现实应用和服务产业现状

虚拟现实应用和服务产业涉及国家各行业领域和大众生活的各个方面，体系庞大，内容广泛。下面以航空航天、文化博物馆领域为例，介绍虚拟现实应用和服务产业的现状。

1. 虚拟现实在航空航天的应用和服务现状

（1）虚拟现实在飞行模拟领域的应用和服务现状

飞行模拟器是虚拟现实应用的典型成功案例，也是发展较为成熟的虚拟现实应用。加拿大 CAE 公司于 2004 年向中国东方航空公司出售飞行模拟器和培训设备，合同价值高达 1800 万美元。2005 年，CAE 公司向中国南方航空公司交付 Embraer ERJ 145 模拟器，价值 1250 万美元。2006 年，CAE 公司为中国航空公司提供波音 737NG 模拟器、汉莎飞行训练公司（LFT）A320 模拟器、UPS 公司波音 747 模拟器，这些合同总价值为 4 亿美元。2010 年，中国国际航空公司引进 CAE 公司生产的 A320 和 B737NG 全动模拟机，国家民航局的技术鉴定为 D 级，2011 年五套订单金额为 6500 万美元。

目前，我国从事飞行模拟器系统研制和应用的主要有北京航空航天大学、中航工业北京蓝天航空科技公司、空军军训器材研究所、空军哈尔滨飞行学院（原空军第一飞行学院）、西安飞豹科技发展公司、天津华翼蓝天科技公司、北京东方瑞丰航空技术公司等。

北京航空航天大学是我国最早开展飞行仿真技术研究的单位之一。20 世纪 70 年代中期，该单位在国内率先开展了飞行模拟器相关技术的研究和工程开发；1984 研制了国内首台军用飞机飞行模拟器（J6 飞机），荣获 1984 年国家科学技术进步奖一等奖；1994 年研制完成国内第一台民用飞机（Y7-100）全任务飞行模拟器，获原航空工业总公司科学技术进步奖一等奖；另外，还陆续研发了飞行模拟器网络、飞行模拟器专家系统、全数字操纵负荷系统等。中航工业北京蓝天航空科技公司是目前国内模拟机产品的主要生产商之一，已经交付了军用飞机、直升机、民用飞机等多个型号的飞行模拟器，在飞行仿真模拟领域具有较大影响力。空军军训器材研究所目前主要开发中国空军某些型号飞机需要的相关模拟器产品。空军哈尔滨飞行学院多年来一直研制生产涵盖轰炸机、运输机、歼击机、直升机等多种主战机型模拟器用于部队训练。天津华翼蓝天科技公司主要研发、生产航空器模拟训练设备，2011 年 4 月该公司与加拿大 Mechtronix 集团公司签署成立新的合资公司生产模拟器。西安飞豹科技发展公司主要开发飞机辅机、辅助产品等，最近该公司开发了“小鹰 500”飞行训练器，属于通用航空领域。北京东方瑞丰航空技术公司专注于飞行模拟器系统、飞行仿真系统等技术领域，近年来完成了我国航空、航天 10 余个型号的工程模拟器系统的研制，同时开展了多个型号的高等级民航和通航训练模拟器的研制。

（2）虚拟现实在空管领域的应用和服务现状

随着我国航空运输业的迅猛发展，飞行流量和空域复杂性急剧增长，空中交通安全问题变得十分突出，空中交通管制人员的需求也越来越大。空管模拟训练系统可帮助学员建立起对于飞机调配和引导的感性认识，训练标准的管制用语，熟悉各种管制环境等，培养在岗管制员处理突发和特殊情况的能力。

空管模拟训练系统主要借助虚拟现实技术，逼真地再现空中交通管制的实际工作环境，以较低的成本换取良好的训练效果。空管模拟训练系统分为两类：一类是针对管制业务进行培训的系统，包括航管雷达模拟机、程序管制模拟机和塔台管制模拟机等基于虚拟现实技术再现的管制工作环境，重点培养管制人员的管制业务能力；另一类是针对管制员进行飞行学习的管制员飞行模拟机，与培养飞行员的飞行模拟机大体相似，但在细节上有所不同，可模拟与地面管制人员的各种协调工作。该系统还可用于飞行程序的验证工作，帮助及时发现飞行程序设计过程中的错误，提高工作效率。

国外空管模拟训练设备的研发起步较早，主流提供商有美国 Raytheon 公司、法国 Thales 公司和西班牙 Indra 公司等。国内的提供商主要有川大智胜软件股份有限公司、中电科技集团第二十八所、中国民航局第二研究所和北京蓝天航空科技公司等。

国内从 20 世纪 80 年代开始空管模拟训练设备的研制工作，先后成功研制了航管雷达模拟机、程序管制模拟机和塔台管制模拟机等空管模拟训练设备。近年来，研制成功了用于管制员飞行训练和飞行程序验证的管制员飞行模拟机，用于管制员体验、学习飞行，以更好地完成空管业务工作。上述这些基于虚拟现实技术的空管模拟训练设备在技术上达到了国际先进水平，基本上替代了相关的进口设备，满足国内军民空管建设和运行的需要。

从整个产业链来看，空管模拟训练设备呈现出软硬分级、分系统提供商和整体系统提供商共存的产业形态。从软硬分级的角度，空管模拟训练设备专用硬件提供商有显示设备提供商、图形生成设备提供商等；专用软件主要指空管环境模拟软件、空管场景视景生成软件、雷达及其他多源信号模拟软件等。大型空管模拟训练设备往往由产业链中的多个供应商参与建设。

显示设备依据空管中场景显示的需求（特别是空管行业面对的机场仿真模拟训练）可进一步细分，如表 7.1 所示。

表 7.1　显示设备

显示产品	应用领域	主要品牌
LED	多跑道机场超大场景拼接融合显示	利亚德、智胜视界
投影仪	多跑道机场大场景拼接融合显示	巴可、科视、Panasonic、DP
窄边框显示器	单跑道机场大场景显示	Samsung、NEC
其他穿戴设备	单人培训训练	5DT、Oculus、Sony

专用软件系统中的关键是图形引擎。目前，图形引擎得到了很好的发展，价格渐趋合理，部分商业引擎也越来越多地在空管模拟培训领域得到应用，如表 7.2 所示。

表 7.2　图形引擎

名称	应用	引擎性质
OSG	机场、航路视景显示	开源
Unity3D	机场场景显示	商业
Unreal	机场场景显示	商业

从行业整体现状来看，一方面，随着虚拟现实设备的广泛应用，生产成本逐步降低、设备选择更加丰富，大量新企业进入这一领域，产业整体呈现出欣欣向荣的发展局面。另一方面，行业的专业壁垒催生了大型整体模拟设备提供商，出现了各自细分领域的标杆企业，使整个行业向更加专业的方向发展。

2. 虚拟现实在文化博物馆领域的应用和服务现状

（1）数字博物馆

数字化博物馆是以数字化技术和形式向社会公众传播自然或文化遗产相关知识的信息服务系统。数字化对博物馆的发展产生了重大影响。20 世纪初期，美国建立了博物馆信息交换联盟，对博物馆的藏品进行数字化处理，使得博物馆的展览方式发生了变革；在欧洲，大型博物馆都设立了博物馆的数字化和相应的技术支持计划；在亚洲，日本较早建立了全球数字博物馆计划；我国的博物馆在数字化展示及技术应用方面起步较晚，但发展速度很快，如数字故宫、数字敦煌、数字兵马俑等大型数字化博物馆先后建立，推动了数字博物馆的发展。世界博物馆的发展趋势表明，现代博物馆不仅是文物标本收藏、展示和研究的机构，还是面向社会、服务于公众的文化、科普教育机构和信息资料咨询机构。据文化部统计，我国博物馆已达 4 千余家，全年接待观众超过 6 亿人次，蕴含着巨大的产业发展潜力。

2011 年 6 月，我国颁布《中华人民共和国非物质文化遗产法》，非物质文化遗产的保护与传承工作得到加强。截至 2014 年，我国公布了 1372 个国家级非物质文化遗产，文化部认定了 1986 名国家级非物质文化遗产项目代表性传承人。2014 年末，全国共有非物质文化遗产保护机构 2600 多个，机构从业人员近 2 万人，接待观众 3390 万人次；举办演出 34703 场，观众达 3795 万人次；举办民俗活动 12982 次，观众达 3884 万人次。中国艺术研究院建立了中国非物质文化遗产网，各个省市也都建立了各自专门的非物质文化遗产网站，一些机构还建立了配套的非物质文化遗产数据库管理系统。非物质文化遗产项目类型众多，形式多样，在推进非物质文化遗产保护方面，从业人员数量庞大。据齐鲁网 2015 年 8 月报道，仅山东省以非物质文化遗产项目为依托的企业就有 39000 多家，从业人员有 300 多万人，年营收达 210 亿元。

数字博物馆的产业形态有 7 种类型，包括数字博物馆、虚拟博物馆、网络博物馆、掌上博物馆、新媒体博物馆、泛在博物馆和智慧博物馆。相关产业按照其核心——数字资源可分为四类：数字资源采集业、数字资源加工业、数字资源传播业、数字资源展示业。结合互联网知识与相关文献资料，表 7.3、表 7.4 列出了数字化博物馆相关产业的情况。

表 7.3　数字化博物馆相关产业说明[(1)]

产业类型	产业规模	主要业务
设备业	大型	二维相机、三维扫描仪、显示屏幕和交互设备等的销售
采集业	中型	二维拍照、三维扫描及解决方案，建模、海量数据存储等相关解决方案的提供和技术支持
加工业	中小型	二维数据处理、三维模型处理（修复、分类等）、建模等的解决方案与实施
传播业	大型	新型网络、大数据、云计算等技术提供与网络支持
展示业	大型	人机交互、动作识别、大屏与环幕显示、藏品信息展示和虚拟体验等
信息服务业	中小型	藏品文化元素提供、系统管理与服务

表 7.4　数字化博物馆相关产业说明[(2)]

产业类型	商业或服务模式	代表性企业（核心产品或服务）
设备业	制造业、销售类公司	中国青岛恒准（高精度激光测距传感器）、德国 Z＋F（传动系统及底盘系统）、美国 Surphaser（Surphaser25 HSX 三维激光扫描仪）、澳大利亚 maptek I-site（车载三维扫描仪）、奥地利 Riegl（系列三维激光扫描仪之 VZ-400）、瑞士徕卡（高性能棱镜相机）、美国天宝（GPS 相关产品）、加拿大 Optech（Lidar 系列产品）、日本拓普康（测量用 GTS 系列产品、医疗用 CL-100 系列产品等）、美国 Faro（便携式三维测量设备）等
采集业	公司/高校相关学科专业实验室	各扫描设备提供商/西北大学信息学院可视化研究所（兵马俑碎片、颅骨数据、瓦当等）、北京师范大学文化遗产数字化保护与虚拟现实重点实验室等

续表

产业类型	商业或服务模式	代表性企业（核心产品或服务）
加工业	公司/高校相关学科专业实验室	北京中视典（圆明园虚拟展示系统、民族博物馆、北京外国语大学校史馆）、上海曼恒（DVS3D、G-Magic）、北京航空航天大学虚拟现实技术与系统国家重点实验室、西北大学可视化技术研究所（兵马俑碎片模型修复、数据库分类等）、13th Lab（3D 工具箱）、Dassault-Virtools、EON、Bitmanagement（BS Contact 浏览器）等
传播业	网络运营商、移动数据提供公司	中国电信、中国移动、中国联通；陈墨网络、羽诚网络、飞洋网络、长城宽带、宽带通、歌华有线等
展示业	交互设备服务提供商	韩国 Pavonine 公司（Miracube 3D）、Magnetic（Magnetic 57″裸眼三维显示器、Magnetic 47″裸眼三维显示器等）、Virtual Research（Virtual Research Ruggedized i-Glasses Stereo、Virtual Research VR1280 虚拟现实头盔显示器）等
信息服务业	公司/高校相关学科专业实验室	北京中视典、上海曼恒、北京航空航天大学虚拟现实技术与系统国家重点实验室、西北大学可视化技术研究所、北京师范大学文化遗产数字化保护与虚拟现实重点实验室等

美国纽约大都会艺术博物馆、英国大英博物馆等国外数字博物馆建设早、水准高，各具特色。运用先进的虚拟现实技术，虚拟展示形式多样，注重虚拟展示的细节，全方位、多角度展示藏品、展厅和展馆等。国外代表性的数字博物馆的具体业务与功能见表 7.5。

表 7.5　国外典型数字博物馆的部分业务与功能

项目	美国纽约大都会艺术博物馆	英国大英博物馆	法国卢浮宫博物馆	俄罗斯冬宫博物馆	日本京都国立博物馆	芝加哥科学与工业博物馆
业务与功能	访问	访问	访问	信息	展览	访问
	展览	展览	活动和游览	收藏珍品	关于本馆	展览
	收藏	探索	展览和事件	展览	研究教育	在线科学
	活动	研究	收藏	冬宫历史	收藏	教育
	学习	学习	艺术学习	儿童教育	出版物	关于本馆
	研究	本馆	支持本馆	数字藏品	在展时间	加入和支持
	捐赠和加入	会员	数据库	馆长致词	词典	出版社
	博客	频道	在线媒体	虚拟访问	商店	商店
	商店	商店	任务和组织	虚拟视图	访问	

我国的数字博物馆建设虽然起步较晚，但经过十几年的发展也已经形成了一定的规模和特色，在虚拟现实技术应用上具有一定优势。上海博物

馆和台北故宫博物院均运用了大量虚拟现实技术呈现藏品和场馆的信息，具有较高的虚拟技术应用水平。表 7.6 列出了我国数字博物馆的部分业务与功能。今后仍需借助最新的虚拟现实技术，在教育传播、信息资源实用性和易用性、知识产权保护与管理、与观众的交互性及资源共享方面进行研究创新。

表 7.6　我国数字博物馆的部分业务与功能

项目	中国国家博物馆	北京故宫博物院	南京博物院	台北故宫博物院	上海博物馆
业务与功能	关于国博	开放与导览	概况	典藏资源	历史沿革
	展览	展览与陈列	展览	文物三维赏析	文博快讯
	资讯	紫禁城时空	文物	典藏资料库	典藏精选
	藏品欣赏	数字资料馆	服务	学习资源	陈列大观
	学术研究	学术天地	学术	虚拟博物馆	特别展览
	考古	文化专题	专家	参观故宫	视觉艺术
	国博讲堂		交流	故宫教学百宝箱	教育学习
	参观导览		预约		活动预约
	文创产业				学术园地

（2）文化遗产保护和利用

我国是世界文化遗产大国，拥有 40 多万处文物古迹保护点，其中国家级文物古迹保护点有 1271 处。截至 2007 年 6 月，全国已有 35 处文化遗址和自然景观列入《世界遗产名录》，其中文化遗产 24 项，自然遗产 6 项，文化和自然双重遗产 4 项，文化景观 1 项。另外，有 35 项正在申遗。目前，全国拥有 518 项人类口述和非物质文化遗产。

将虚拟现实技术应用于文化遗产保护具有重要的意义，可以有效缓解文化旅游中文化资源保护与利用的矛盾，增大文化资源受众面，为文化旅游事业发展提供有效的技术支撑，主要体现在以下三个方面。

首先，利用虚拟现实技术可以有效提高文物保护的技术水平。例如，可预先展示文物修复以后的形象，用于文物修复技术和方法的可行性论证，考察修复过程中的各个环节及修复以后的耐久性等，有效提高文物修复的准确性，缩短修复工期。

其次，虚拟现实技术可实现文物存档及永久性保存。通过影像采集数据，建立三维模型数据库，存储文物原有的各项数据和空间关系等，高精度、永久性地保存濒危文物资源。同时，虚拟现实技术可突破时空限制发挥文物的价值。例如，利用采集数据，结合考古研究数据和文献记载，模拟展示尚未挖掘或已经湮灭的遗址、遗存；建立网上虚拟博物馆，多方位、多视角地向世界传播中华文化；将文物制作成逼真影像，提高文物的展出率和展出效果。

最后，虚拟现实技术可有效地保护非物质文化遗产。例如，资料数据库和数字化展示平台使非物质文化遗产再现风采。利用虚拟现实技术整理、展示和传播民间艺术品，推动民间文化的传播与传承，超越地域和职业的限制，实现资源利用的最大化。

下面是虚拟现实在文化遗产保护和利用方面的代表性实例。

（1）虚拟敦煌研究院

将虚拟现实技术应用于文化遗产保护，在国内率先建立多媒体信息数据库，包括石窟的三维模型、彩塑、壁画，以及关于壁画的文字、声音和视频等信息，并提供数据 I/O 操作接口。采用虚拟场景生成器（virtual scene generator，VSG），其包括三个子模块：三维模型表达、石窟彩塑表达和壁画多媒体信息表达，用户界面负责管理各种显示场景的窗口，接收用户的各种输入信息等。对敦煌壁画采取最先进的计算机图形图像技术，可以从任意视点和视角观察洞窟的三维图像，达到研究与保护的双重目的。

（2）数字故宫

故宫博物院与日本合作开发的数字故宫，利用虚拟现实技术，对故宫主要古代建筑和馆藏文物的结构特征、表面装饰等进行准确而系统的采集和再现，建立古建筑和文物的三维模型数据库。构建逼真的三维虚拟故宫场景，可使用户产生身临其境的视听效果。

（3）兵马俑文物辅助修复系统

西北大学可视化技术研究所研发出一款兵马俑文物辅助修复系统，修复人员按照计算机给出的兵马俑碎片排列图进行拼接，平均一天可修复一个秦俑。高精度、高逼真虚拟现实文物可供人们进行精细欣赏和研究。

在文化遗产保护利用中，虚拟主题公园能够以增强现实的方式将文化古迹的信息提供给参观者，使用户不仅可以获取古迹的文字解说，还能看到遗迹残缺部分的虚拟重构，从而增加游览的互动性、趣味性和临场感。虚拟现实技术正有力地推动文博产业的发展。

主题公园相关产业按照主题类型可以分为微缩景观、民俗村、历史文化、现代科技类和综合类。表 7.7 给出了各类主题公园的相关说明，表 7.8 给出了主题公园的规模分类。

表 7.7　主题公园产业的相关说明[2]

产业类型	主要业务	商业或服务模式	代表性企业
微缩景观	按缩小比例尺寸进行移植仿造的著名建筑和景观	独特性产品吸引模式	深圳锦绣中华
民俗村	模拟民俗风情和生活场景，寓教于乐，提供民俗风情表演，具有较高的参与性	独特性产品吸引模式	深圳的中国民俗文化村
历史文化	分为两种类型，即以模拟某个特定历史时代场景或文学名著为主题	资源资本化模式	无锡太湖的唐城、无锡太湖的三国城
现代科技类	以科学技术为主题，提供活动参与服务	独特性产品吸引模式	深圳欢乐谷、苏州乐园
综合类	某些大型主题公园规模庞大，园内包含上述不同类型的主题公园或主题区	价值链模式	奥兰多的迪斯尼世界

表 7.8　主题公园的规模分类

分布地区	类型	初期投资	分类标准
美国	大型	0.8 亿～1 亿美元	200 英亩①以上（约 0.81km²）
	中型	0.2 亿～0.8 亿美元	100～200 英亩（约 0.4～0.81km²）
	小型	0.1 亿～0.2 亿美元	100 英亩以下（约 0.4km²）
中国	大型	2.5 亿元以上	1000 亩②以上（约 0.7km²）
	中型	1 亿～2.5 亿元	500～1000 亩（约 0.3～0.7km²）
	小型	0.5 亿～1 亿元	占地规模相对较小

7.2 虚拟现实产业面临的问题和可能的生长点

7.2.1　虚拟现实产业面临的主要问题

虚拟现实产业是新兴的高技术产业，是信息产业的下一个可能的爆发式生长点。但是，虚拟现实产业的形成和在我国的健康有序发展还面临着许多需要认真思考和解决的重要问题。

1. 虚拟现实产业的科技创新支撑不足

和其他许多行业一样，科技创新支撑不足是我国虚拟现实产业发展的核心问题。相对于目前虚拟现实的迅猛发展，我国在虚拟现实技术和基础研究方面尚缺乏顶层设计，重大理论原创性不足，集中优势力量解决重大问题的研发计划较少，重要领域的虚拟现实系统研发和对产业发展的支撑力不够。

① 1 英亩≈4046.8564224m²；

② 1 亩≈666.67m²。

迫切需要虚拟现实基础研究和关键技术研究的不断创新、突破，以拓展虚拟现实产业空间，更好地满足用户需求。实现一个高度逼真、自然可交互且具备一定生命力的虚拟现实系统，会面临很多基本的理论与技术问题，例如，虚拟人体、虚拟自然现象、虚拟生物等都存在一系列重大基础研究的创新方向和多学科交叉研究的巨大空间。目前，虚拟现实建模、绘制、交互、网络和应用存在技术门槛高、成本高、周期长、操作自然性和临场逼真感不足等突出问题。例如，除视听觉逼真感之外，虚拟现实还需要更多关注触觉、味/嗅觉的逼真感，现有的交互设备和交互手段单一，需要大幅度提升人机交互的自然感受；多人并行、动态场景、任意交互的虚拟现实应用需要关键技术的突破；手机端移动式虚拟现实系统处理能力弱，需要尽快提升软硬件和外设的性能等。

2. 普及型可穿戴核心硬件存在较大改进空间

当前热推的头戴式显示方式与人们正常的裸眼观察方式存在差距；虚拟现实头盔和虚拟现实眼镜不同程度地存在眩晕问题，从而引发视觉疲劳和不适，同时高性能 PC 端虚拟现实头盔连线复杂，站立姿态下移动使用的难度较大；虚拟现实头盔使用情景中的交互受到极大限制，而增强现实头盔尚不能在室外环境下流畅定位，也不能高质量地实现虚实融合。

3. 虚拟现实内容严重匮乏且生产力低下

目前 Samsung 和 Oculus VR 都有各自的虚拟现实内容平台，宣称有大量的资源可以转化为虚拟现实内容，但实际上市的内容并不多。虚拟现实产业前期需要出现一批具有颠覆性影响的应用实例，充分展示虚拟现实的作用和能力，才能说服和吸引虚拟现实用户。另外，虚拟现实建模、绘制等软件平台和虚拟现实游戏、虚拟现实影视制作等软件工具生产力低，虚拟现实内容生产的人力成本居高不下，虚拟现实产业链的良性发展存在隐忧。

4. 虚拟现实的各类标准规范尚未建立，评测和评价体系缺失

各生产厂商在数据、模型、硬件上大多采用各自不同的标准，导致虚拟现实软件和内容研发成本高，通用性差，软硬件适配困难，这些都将成为虚拟现实产业发展的重要障碍。国内外尚未建成产品评测评估体系与机构，缺少对虚拟现实产品的评价和对大众用户消费的引导，限制了用户群体类型（大众虚拟现实消费者主要是有一定知识结构的年轻人群）和数量。

5. 虚拟现实技术研发和产品开发人才匮乏

我国图形图像处理、三维建模和人机交互等虚拟现实技术相关的高层次人才培养虽然也有二十多年的历史，但规模极小，而且毕业以后大多转行从事互联网、智能手机应用等工作，人才储备不足。因此，人才匮乏成为虚拟现实产业发展的根本问题。

6. 虚拟现实产业资金投入不足

一级市场的投资人对我国虚拟现实产业非常看好，很多虚拟现实新兴企业都获得了融资，但与国际资本投入相比，我国企业获得的投资量级小，获得投资的企业比例偏低。

7. 虚拟现实产业尚缺乏统筹布局

许多行业主管部门对虚拟现实技术可能的颠覆性作用认识不足，虚拟现实行业应用，如国防军事、医疗健康、装备制造等，统筹管理欠缺，导致分散开发、重复建设；在当前的大众消费应用领域，多数企业将虚拟现实视为手机硬件细分市场，扎堆于创新性不高的虚拟现实眼镜硬件，出现了低价位无序竞争局面。2015 年，国务院印发了《促进大数据发展行动纲要》的通知，对虚拟现实产业发展提供了有益的指导。

8. 虚拟现实企业成功的商业模式还有待探索和实践检验

一些从业者担心虚拟现实成为又一个长期烧钱、看不到盈利的超前领域。由于缺乏核心硬件和基础软件的自主产权，服务于行业领域的虚拟现实企业大多是国外产品的代理商，盈利方式集中于应用系统解决方案和售后服务。国内自主的虚拟现实游戏和影视产品推出量不大，商业模式不明朗。有企业正在探索将虚拟现实游戏与手游市场完全融合，由游戏用户进行消费，或者开展虚拟现实的内容分发，通过广告等方式盈利。这些商业模式虽然可以预期，但实际效果还有待市场检验。

9. 虚拟现实领军企业发展壮大尚需时日

目前，我国服务于行业的虚拟现实企业已经具有一定规模，如华力创通、赛四达、东方恒润、水晶石、神州普惠、神州视景等，还有另外十几家上市公司、新三版公司。近几年新创立或涉足虚拟现实的企业有暴风魔镜、蚁视、歌尔声学、火焰工坊、诺亦腾、易尚展示、联络互动等，都显示出良好的成长性。但与 Google、Microsoft、Facebook，以及国内其他产业的领军企业如阿里巴巴、联想、神州数码等相比，差距还比较大。

7.2.2　虚拟现实产业可能的生长点

1. 虚拟现实的行业产业生长点

虚拟现实行业产业的生长点将可能发育在航空航天、装备制造、国防军事、医疗健康、公共安全和文化教育等领域，特别是飞行模拟器、手术模拟器、空管模拟训练设备和数字博物馆等。

下面就来分析航空和数字博物馆这两个可能的产业生长点。

（1）航空领域可能的产业生长点

我国军民航空运输的快速发展带来了对飞行模拟器和空管模拟训练设备及系统的巨大需求。随着低空空域改革的深化，通用航空业可能出现井喷式发展，这也必将对飞机驾驶模拟训练和空管模拟训练提出新的、更大规模的需求。

在传统管制业务培训方面，根据相关部门的预测，到 2020 年全国空管人员将达到一万人。中国民用航空局规定空管人员空管业务培训的模拟机设备人机比将由目前的 40∶1 降低到不高于 30∶1。因此，国内空管模拟训练设备的市场容量将从现有的 100 套基础上增加 200 套以上，估计将达到 10 亿人民币的市场。另外，在空管人员飞行学习与飞行程序验证方面，不仅人员数量巨大，而且随着我国航空运输业的飞速发展，越来越多的新建机场、改扩建机场都需要飞行程序设计和验证，估计市场产值在 10 亿元以上。考虑到通用航空运输的蓄势待发，空管模拟训练设备的市场需求还将进一步扩大。

（2）数字博物馆领域可能的产业生长点

虚拟博物馆强调采用虚拟现实技术增强展品的表现力；网络博物馆强调数字化传输、展示和共享网络资源；掌上博物馆、移动博物馆则更多地强调通过手机、平板电脑等移动终端设备访问数字博物馆；泛在博物馆利用无所不在的互联网络和广泛存在的各类终端设备访问数字博物馆，强调数字博物馆无处不在的泛在特性。以虚拟现实和增强现实技术为基础的数字化展览方式，在提升观众的个性化体验和互动性参与方面具有独特的优势，因此市场前景巨大。与现有数字博物馆相比，虚拟博物馆产业潜在生长点包括大空间、全要素、动态虚拟展示环境的构建，适应移动互联网的自主可控的基础工具和平台，非物质文化遗产项目资源数字化的软件技术产品研发及应用，“互联网+”模式下非物质文化遗产项目的推广与产业化等。

2. 虚拟现实大众消费领域可能的产业生长点

虚拟现实人机交互设备，特别是头戴式显示器，性能提高、价格降低，迅速进入大众消费领域，如虚拟现实游戏、虚拟现实影视、虚拟现实新闻、虚拟现实运动、虚拟现实社交和虚拟现实购物等。

虚拟现实大众消费产业最有可能的爆发点是游戏市场。2014 年，全球游戏市场规模为 880 亿美元，虚拟现实游戏不仅能吸引原来的游戏爱好者，因其体验的真实性和易操作性，还可能吸引原本对单机游戏、网页游戏等无兴趣的部分人群，使游戏产业规模得以扩大。游戏市场的爆发不仅有利于推动虚拟现实硬件性能的提高、价格的降低，培育和积累虚拟现实软件系统，同时还会吸引更多人才和资金投入虚拟现实领域，加速虚拟现实技术的进步，最终虚拟现实将渗透到人们的生活和工作中，如同计算机和智能手机对社会的渗透一样。

第 8 章

我国虚拟现实发展的道路

由虚拟现实技术的特点、发展趋势及其表现出的不可替代性可见，虚拟现实是一项可能的颠覆性技术，是各行业发展新的信息技术支撑平台的新动力，是未来互联网的新入口和人际交互的新环境。“虚拟现实＋”成为发展趋势，并可能爆发式地发展形成大众消费的新领域，产业前景无限。

与美国等发达国家相比，我国在虚拟现实硬件设备和软件开发平台方面相对落后，在虚拟现实理论、技术研究和内容开发方面差距不大，大体上处于并跑状态，只要合理制定战略规划，积极解决存在问题，逐步提升短板，不断发展优势，就一定能在虚拟现实的某些方向成为领跑者，走出我国自己发展虚拟现实产业的路子。

1. 科学规划，推动“虚拟现实＋”的发展

经过几十年的起伏发展，虚拟现实在国防军事、航空航天、装备制造、智慧城市、医疗健康、公共安全、教育文化、旅游商务和全景直播等许多行业领域取得了应用成果，成为各行业发展的新的信息技术支撑平台，将对各行业产生颠覆性影响，推动其实现升级换代。“虚拟现实＋”成为未来的发展趋势。政府有关部门要抓住这一产业升级和结构调整的机遇，像推动“互联网＋”那样，通过培育行业虚拟现实示范应用系统、出台相应产业鼓励政策等，来推动“虚拟现实＋”的发展。

2. 抓住机遇，促进企业真正成为技术创新的主体

积极投入虚拟现实应用技术研发及其产业化是使相关企业真正成为技术创新主体的一个机遇和转折点。据估计，目前各类企业在虚拟现实技术研发方面的投入已经超过政府，产业转化方面的投入更是呈现爆发增长的趋势。建议有关政府部门在新的科技计划的第四类“技术创新引导专项（基金）”中以虚拟现实技术创新作为试点启动这类科技计划，以企业为主体进行技术创新，形成大众消费新领域。

3. 专项投入，加强虚拟现实基础研究和技术创新

突破目前以二维为主的显示，实现三维及未来的真三维显示；突破屏幕物理尺寸的局限，实现全景显示和体验；抛开目前的键盘、鼠标，实现手眼协调的人机自然交互；突破时空界限，把用户带入未来或过去的时空环境。上述突破会使虚拟现实成为未来互联网的新入口和人际交互的新环境。

人们对虚拟现实的未来充满期待，但要真正实现上述目标却任重而道远。实现一个高度逼真、自然可交互且具备一定“生命力”的虚拟现实系统，面临很多基本的理论与技术问题。例如，虚拟人体、虚拟地球（包括虚拟海洋、虚拟自然现象）、虚拟生物等都存在一系列重大基础研究的创新方向和多学科交叉研究的巨大空间。国家自然科学基金应在虚拟现实领域选择科学问题集中、影响深远的重大目标设立基础研究计划或重大项目，进行原始创新，为未来领跑虚拟现实科技发展积蓄能量；政府有关部门应在重点战略性行业应用的数据获取、分析建模、绘制表现、传感交互等方面，通过重点研发计划的支持，抢占虚拟现实技术制高点，推动“虚拟现实＋”的发展。

4. 坚持开放，推动跨界、跨域虚拟现实技术协同创新

虚拟现实学科高度交叉，其发展有赖于许多科学技术领域的进步和突破，特别是高性能计算、图形图像处理、光学工程、自然人机交互、人工智能、云计算，以及可穿戴设备、移动终端等。推动跨界合作和协同创新是在虚拟现实科技领域取得重大原创成果的必由之路。

“虚拟现实＋”的发展，包括虚拟现实在各行业应用领域的应用基础研究、应用系统与内容研发，以及行业应用产业化等，都需要虚拟现实技术研究人员与有关行业领域专业人员的密切合作，需要建立有效的产学研合作创新机制，在各行业形成虚拟现实行业应用研究的队伍、有影响的企业和典型的产品。

积极推进国际间高校、科研院所和企业的虚拟现实技术交流与合作，充分利用国际创新资源，促进我国虚拟现实相关技术的发展。支持国内企业参与全球市场竞争，积极开拓国际市场，形成一批具有国际竞争力的虚拟现实企业和产品。

5. 采取措施，加快培养培训虚拟现实研发人才

各类虚拟现实研发人才的短缺是我国虚拟现实发展急需解决的瓶颈问

题。要满足虚拟现实在各行业应用和产业发展的需求，我国约需数千名虚拟现实理论和关键技术研究人员和 30 万各类开发人员。建议有关部门尽快采取措施，像当年解决软件和新媒体动漫人才那样解决虚拟现实的人才短缺问题。加强专业人才培养，建立多层次、多类型的虚拟现实专业人才培养、培训体系。鼓励高校设立虚拟现实相关专业，培养专业人才。鼓励开展跨学科人才培养，大力培养多学科复合型人才。鼓励高等院校、职业院校与企业合作，加强技能型人才的培养和培训。

6. 制度创新，健全虚拟现实市场发育机制

完善组织实施，建立国家虚拟现实发展和应用统筹协调机制及标准化组织和产业联盟等，推动形成职责明晰、协同推进的工作格局，引导有条件的地方政府结合自身条件对虚拟现实进行合理定位、科学谋划，制定出台促进虚拟现实产业发展的政策措施；着重政策引导，健全行业标准，在软件、硬件、内容和应用等产业链的各个环节都培育一批具有核心竞争力的企业，实现科学有序的发展。

设立国家或地方专项产业资金，建立以政府扶持为引导、企业投入为主体、多元社会资金参与的投入机制，同时，坚持优势发展与引导培育并重，对于优势企业，通过税收政策鼓励其在研发方面进行投入，提高产品附加值，扩大国际影响力；对于小微创业公司，设置专项投资引导基金和孵化器，有效培育其良性发展。

参考文献

刘万奎，刘越．2016．用于增强现实的光照估计研究综述．计算机辅助设计与图形学学报，28（2）：197-207．

汪成为，高文，王行仁．1997．灵境（虚拟现实）技术的理论、实现及应用．北京：清华大学出版社．

王涌天，程德文．2010．头盔显示技术的发展趋势．中国计算机学会通讯，6（7）：21-26．

赵沁平，怀进鹏，李波，等．2014．虚拟现实研究概况．计算机研究与发展，33（7）：497-500．

赵沁平．2009．虚拟现实综述．中国科学（F辑：信息科学），39（1）：2-46．

赵沁平．2011．自然现象的数据获取与模拟．中国科学（F辑：信息科学），41：385-419．

中国系统仿真学会．2012．“十三五”技术发展趋势调研报告．

中华人民共和国科学技术部．2006．863计划虚拟现实专题．“十一五”战略规划报告．

中华人民共和国科学技术部．2010．863计划虚拟现实与数字媒体主题．“十二五”战略规划报告．

中华人民共和国科学技术部．2013．“十三五”虚拟现实、智能交互重点研发计划规划．

Akeley，Watt，Girshick，et al．2004．A stereo display prototype with multiple focal distances．ACM Transactions on Graphics，23（3）：804-813．

Alaraj，Luciano，Bailey，et al．2015．Virtual reality cerebral aneurysm clipping simulation with real-time haptic feedback．Neurosurgery，11（2）：52-58．

Amores，Benavides，Maes．2015．Show me：a remote collaboration system that supports immersive gestural communication//ACM Conference Extended Abstracts on Human Factors in Computing Systems，1343-1348．

Andujar，Mejias，Marquez．2011．Augmented reality for the improvement of remote laboratories：an augmented remote laboratory．IEEE Transactions on Education，54（3）：492-500．

Audi Virtual Reality System．2015．http://www.leiphone.com/news/201501/YR2GLTtGly22aS6p.html[2015-01-01]．

Baumeister，Dorrlan，Banks，et al．2016．Augmented reality as a countermeasure for sleep deprivation．IEEE Transactions on Visualization & Computer Graphics，22（4）：1．

Bertrand，Brickler，Babu，et al．2015．The role of dimensional symmetry on bimanual psychomotor skills education in immersive virtual environments．Virtual Reality IEEE，3-10．

Bian，Wade，Warren，et al．2016．Online engagement detection and task adaptation in a virtual reality based driving simulator for autism intervention//International Conference on Universal Access in Human-Computer Interaction，538-547．

Blascovich，J Bailenson．2011．Infinite Reality：Avatars，Eternal Life，New Worlds，and the Dawn of the Virtual Revolution．New York：Harper Collins Publishers．

Blehm，Vishnu，Khattak，et al．2005．Computer vision syndrome：a review．Survey of Ophthalmology, 50 (3): 253-262.

Brown, Green. 2016. Virtual reality: Low-Cost tools and resources for the classroom. Tech Trends, 1-3.

Burdea, Coffet. 2003. Virtual Reality Technology. 2nd ed. New York: John Wiley.

Cakmakci, Rolland. 2006. Head-worn displays: a review. Journal of Display Technology, 2 (3): 199-216.

Chen C, Li K, Wu Q, et al. 2013. EEG-based detection and evaluation of fatigue caused by watching 3D TV. Displays, 34 (2): 81-88.

Cheng D, Wang Q, Wang Y, et al. 2013. Lightweight spatial-multiplexed dual focal-plane head-mounted display using two freeform prisms. Chinese Optics Letters, 11 (3): 24-27.

Cheng D, Wang Y, Hua H, et al. 2009. Design of an optical see-through head-mounted display with a low f-number and large field of view using a freeform prism. Applied Optics, 48 (14): 2655-2668.

Cheng D, Wang Y, Xu C, et al. 2014. Design of an ultra-thin near-eye display with geometrical waveguide and freeform optics. Optics Express, 22 (17): 20705-20719.

Choi, SangSu, Kiwook, et al. 2015. Virtual reality applications in manufacturing industries: Past research, present findings, and future directions. Concurrent Engineering, 23 (1): 40-63.

Cohen, Dillman, Macleod, et al. 2014. One Space: shared visual scenes for active free play. ACM. ISBN: 978-1-4503-2473-1.

Dalal, Triggs. 2005. Histograms of oriented gradients for human detection//2005 IEEE Computer Society Conference on Computer Vision and Pattern Recognition, 1 (12): 886-893.

Dardas, Georganas. 2011a. Real-time hand gesture detection and recognition using bag-of-features and support vector machine techniques. IEEE Transactions on Instrumentation and Measurement, 60 (11), 3592-3607.

Dardas, Petriu. 2011b. Hand gesture detection and recognition using principal component analysis// 2011 IEEE International Conference on Computational Intelligence for Measurement Systems and Applications.

Davies. 2016. Parallel reality: tandem exploration of real and virtual environments. University of St Andrews.

De Ribaupierre, Armstrong, Noltie, et al. 2015. VR and AR simulator for neurosurgical training. Virtual Reality IEEE, 147-148.

Defense advanced research projects agency (DARPA) ARC 4. http://www.ara.com/arc4/.

Defense advanced research projects agency (DARPA) plan X. http://www.darpa.mil/Our_Work/I2O/Programs/Plan_X.aspx.

Defense advanced research projects agency (DARPA) soldier super senses. http://www.wearethemighty.com/cool-darpa-projects-2015-02.

Defense advanced research projects agency (DARPA) ULTRA-vis. http://www.techtimes.com/articles/7459/20140526/darpa-develops-ultra-vis-augmented-reality-hud-system-soldiers.htm.

Emoto, Niida, Okano. 2005. Repeated vergence adaptation causes the decline of visual functions in watching stereoscopic television. Journal of Display Technology，1（2）：328-340.

Fabola，Miller，Allison，et al. 2016. Virtual reality for early education：a study immersive learning research network//Second International Conference ILRN 2016 Santa Barbara，59-72.

Fang Y，Wang K，Cheng J，et al. 2007. A real-time hand gesture recognition method//2007 IEEE International Conference on Multimedia and Expo.

Farhad，Abdolhossein，Chris. 2009. Multi-layered hand and face tracking for real-time gesture recognition//15th International Conference on Advances in Neuro-Information Processing.

Farra，Miller，Hodgson. 2015. Virtual reality disaster training：translation to practice. Nurse education in practice，15（1）：53-57.

Ford immersion lab. 2014. http://tech. sina. com. cn/it/2014-05-04/10529357173. shtml.

Gavish，Gutiérrez，Webel，et al. 2015. Evaluating virtual reality and augmented reality training for industrial maintenance and assembly tasks. Interactive Learning Environments，23（6）：778-798.

Gonsalves，Campbell，Jensen，et al. 2015. Children with developmental coordination disorder play active virtual reality games differently than children with typical development. Physical therapy，95（3）：360-368.

Greenbaum. 1992. The lawnmower man. http://www. docin. com/p-462247014. html[2012-08-15].

Greunke，Sadagic. 2016. Taking immersive VR leap in training of landing signal officers. IEEE Transactions on Visualization & Computer Graphics，22（4）：1482-1491.

Halarnkar，Shah，et al. 2012. A review on virtual reality. International Journal of Computer Science Issues，9（6）：325-330.

Haluck，Krummel. 2000. Computers and virtual reality for surgical education in the 21st century. Archives of Surgery，135（7）：786-792.

Hamel，Deloire，Saubusse，et al. 2015. Cognitive evaluation by tasks in a virtual reality environment in multiple sclerosis. Journal of the neurological sciences，359（1）：94-99.

Helsel，Sandra. 1992. Virtual reality and education. Educational Technology，32（5）：38-42.

Henderson，Feiner. 2011. Exploring the benefits of augmented reality documentation for maintenance and repair. IEEE Transactions on Visualization & Computer Graphics，17（10）：1355-1368.

Hoffman，Girshick，Akeley，et al. 2008. Vergence-commodation conflicts hinder visual performance and cause visual fatigue. Journal of Vision，8（3）：1-30.

Hoppe，Melzer. 1999. Optical tiling for wide-field-of-vie-whead-mounted displays//Proceedings of SPIE. Bellingham：Society of Photo-Optical Instrumentation Engineers Press.

http://3y. uu456. com/bp_0ylh77dkj18uhsm07rvk_1. html.

http://bbs. tianya. cn/post-worldlook-1653090-1. shtml.

http://blog. sina. com. cn/s/blog_6569f5230102wf0j. html.

http://money. 163. com/12/0328/08/7TLV7E5C00253B0H. html.

http://money. 163. com/16/0428/08/BLNN7JI000253B0H. html.

http://news. cps. com. cn/article/201502/922758. html.

http://tech. 163. com/16/0623/12/BQ8BB5Q800097U7U. html.

http://tech. qq. com/a/20160202/011274. htm.

http://v. youku. com/v_show/id_XNDQ5MTA0OTU2. html.

http://whatis. techtarget. com/definition/virtual-reality.

http://www. 360doc. com/content/13/0226/12/1658863_267975429. shtml.

http://www. askci. com/news/chanye/2016/01/21/161122zbag. shtml.

http://www. cnii. com. cn/internation/2015-03/11/content_1543198. htm.

http://www. docin. com/p-1194163496. html.

http://www. docin. com/p-963393511. html.

http://www. dsti. net/Information/News/95300.

http://www. marxentlabs. com/top-virtual-reality-augmented-reality-trends-2015/.

http://www. merriam-webster. com/dictionary/virtual%20reality.

http://www. mgov. cn/complexity/complexity22. htm.

http://www. narkii. com/news/news_29634. shtml.

http://www. nas. nasa. gov/Software/VWT/vr. html.

http://www. sfw. cn/xinwen/456615. html.

http://www. v4. cc/News-1106382. html.

http://www. weixinnu. com/tag_article/3640925569.

https://en. wikipedia. org/wiki/Virtual_reality.

Hu X，Hua H. 2011. Distinguished student paper：a depth fused multi-focal-plane display prototype enabling focus cues in stereoscopic displays//Proceedings of the Society for Information Display Symposium Digest of Technical Papers，Oxford：Blackwell Publishing Ltd.

Hu X，Hua H. 2014. Design and assessment of a depth-fused multi-focal-plane display prototype. Journal of Display Technology. 10 (4)：308-316.

Hua H，Javidi. 2014. A 3D integral imaging optical see-through head- mounted display. Optics Express，22 (11)：3484-3491.

Huang，Liaw. 2016. Exploring learner acceptance of the use of virtual reality in medical education：a case study of desktop and projection-based display systems. Interactive Learning Environments，24，3-19.

Human Sim. http://www. humansim. com/.

Hussein，Nätterdal. 2015. The benefits of virtual reality in education-comparision study.

Isaac. What is virtual reality? http://www. completegate. com[2016-07-02].

ITU-RBT. Subjective assessment for stereoscopic television pictures recommendation. 1438-2000.

Jones，Hite，Childers，et al. 2015. Teachers and students perceptions of presence in virtual reality instruction//11th International Conference on Engineering Education，University of Salerno.

Jose，Manoel，et al. 2015. Virtual and stereoscopic anatomy：when virtual reality meets medical education. Journal of Neurosurgery，8：1-7.

Kang，Ryu，Yang，et al. 2015. An effective repetitive training schedule to achieve skill proficiency using a novel robotic virtual reality simulator. Journal of Surgical Education，72 (3)：369-376.

Kaufmann，Meyer. 2008. Simulating educational physical experiments in augmented reality. Applications of Mixed Reality，1-8.

Kaufmann，Schmalstieg，Wagner. 2000. Construct 3D：a virtual reality application for mathematics and geometry education. Education and information technologies，5 (4)：263-276.

Keller，Colucci. 1998. Perception in HMDs：what is it in head- mounted displays (HMDs) that really make them all so terrible?//Proceedings of SPIE，Bellingham：Society of Photo-Optical Instrumentation Engineers Press.

Kim，Joo，Han，et al. 2015. The effectiveness of visualization system for virtual reality learning. International Journal of u-and e-Service，Science and Technology，8 (12)：151-160.

Kim，Park，Won，et al. 2013. Autonomic nervous system responses can reveal visual fatigue induced by 3D displays. Sensors，13 (10)：13054-13062.

Kolsch，Turk. 2006. Robust hand detection//Sixth IEEE International Conference on Automatic Face and Gesture Recognition，Jeju Island：IEEE Press.

Kooi，Toet. 2004. Visual comfort of binocular and 3D displays. Displays，25 (2)：99-108.

Kulkarni，Minor，Deaver，et al. 2012. Design，sensing，and control of a scaled wind tunnel for atmospheric display. IEEE/ASME Transactions on Mechatronics，17 (4)：635-645.

Le，Pedro，Park. 2015. A social virtual reality based construction safety education system for experiential learning. Journal of Intelligent & Robotic Systems，79：487-506.

Lemheney，Bond，Padon，et al. 2016. Developing virtual reality simulations for office-based medical emergencies. Journal of Virtual Worlds Research，9 (1)：1.

Liew，Yairi. 2014. Generalized BRIEF：a novel fast feature extraction method for robust hand detection//22nd International Conference on Pattern Recognition，Stockholm：IEEE Press.

LiHCO，Kham，et al. 2008. Measurement of 3D visual fatigue using event-related potential (ERP)：3D oddball paradigm//Proceedings of 3DTV Conference—The True Vision-Capture，Transmission and Display of 3D Video，Los Alamitos：IEEE Computer Society Press，213-216.

Liu S，Hua H，Cheng D. 2010. A novel prototype for an optical see-through head-mounted display with addressable focus cues. IEEE Transactions on Visualization and Computer Graphics，16 (3)：381-393.

Liu S，Hua H. 2009. Time-multiplexed dual-focal plane head-mounted display with a liquid lens. Optics Letters，34 (11)：1642-1644.

Liu Y，Ren D，Liu Z，et al. 2016. The development and evaluation of virtual reality platform for emergency evacuation in coal mines//Proceedings of the 6th International Asia Conference on Industrial Engineering and Management Innovation，381-387.

Love，Hoffman，Hands,，et al. 2009. High-speed switchable lens enables the development of a volumetric stereoscopic display. Optics Express，17 (18)：15716-15725.

Martín-Gutiérrez，Fabiani，Benesova，et al. 2015. Augmented reality to promote collaborative and autonomous learning in higher education. Computers in Human Behavior，51：752-761.

Meesters，Ijsselsteijn，Seuntiëns. 2004. A survey of perceptual evaluations and requirements of three-dimensional TV. IEEE Transactions on Circuits and Systems for Video Technology，14 (3)：381-391.

Melzer. 2001. Design evolution of a wide-field-of-view head-mounted display for aircraft training and simulation//Proceedings of SPIE, Bellingham: Society of Photo-Optical Instrumentation Engineers Press.

Meyer, Mertens, Dzaack, et al. 2016. Object manipulation by virtual menu interaction using free-hand input in a desktop virtual reality maritime situation display//International Conference on Virtual, Augmented and Mixed Reality Berlin: Springer International Publishing, 446-453.

Michael. 1993. The metaphysics of virtual reality. Oxford: Oxford University Press.

Mukawa, Akutsu, Matsumura, et al. 2009. A full-color eyewear display using planar wave guides with reflection volume holograms. Journal of the Society for Information Display, 17 (3): 185-193.

Mukherjee, Rand, Fayad. 2015. Abstract T P120: Perception of self-motion using a virtual reality environment enhances gait adaptation in chronic stroke survivors. Stroke, 46 (Suppl 1): 120.

NASA virtual space station. http://news. bbc. co. uk/2/hi/technology/7669286. stm.

Newman, Scurry. 2015. Higher education and the digital rapids. International Higher Education.

Nguyen, Vo-Lam, et al. 2016. Applying virtual reality in city planning//Virtual Augmented and Mixed Reality: 8th International Conference, VAMR 2016, 724-735.

Nicely, Farra. 2015. Fostering learning through interprofessional virtual reality simulation development. Nursing education perspectives, 36 (5): 335-336.

Oda, Elvezio, Sukan, et al. 2015. Virtual replicas for remote assistance in virtual and augmented reality. ACM Symposium.

Ong, Bowden. 2006. A boosted classifier tree for hand shape detection//Sixth IEEE International Conference on Automatic Face and Gesture Recognition, Jeju Island. IEEE press, 889-894.

Pantelidis. 1997. Virtual reality and engineering education. Computer Applications in Engineering Education, 5: 3-12.

Park , Won, Mun, et al. 2014. Does visual fatigue from 3D displays affect autonomic regulation and heart rhythm? International Journal of Psychophysiology, 92 (1): 42-48.

Parrot bebop drone. http://www. theverge. com/2014/11/24/7274997/parrot-bebop-drone-virtual-reality[2014-11-24].

Piao, Kim. 2014. Achieving high levels of color uniformity and optical efficiency for a wedge-shaped waveguide head-mounted display using a photopolymer. Applied Optics, 53 (10): 2180-2186.

Pisharady, Vadakkepat, Loh. 2013. Attention based detection and recognition of hand postures against complex backgrounds. International Journal of Computer Vision, 101: 403-419.

Psotka. 1995. Immersive training systems: virtual reality and education and training. Instructional science, 23 (5-6): 405-431.

Reger, Rizzo, Gahm. 2015. Initial development and dissemination of virtual reality exposure therapy for combat-related PTSD. Future Directions in Post-Traumatic Stress Disorder, 289-302.

Rolland, Krueger, Goon. 2000. Multifocal planes head-mounted displays. Applied Optics, 39 (19): 3209-3215.

Schowengerdt, Seibel. 2006. True 3-D scanned voxel displays using single or multiple light sources. Journal of the Society for Information Display, 14 (2): 135-143.

Sheedy, Hayes, Engle. 2003. Is all asthenopia the same? Optometry & Vision Science, 80 (11):

732-739.

Slobounov, Ray, Johnson, et al. 2015. Modulation of cortical activity in 2D versus 3D virtual reality environments: an EEG study. International Journal of Psychophysiology, 95 (3): 254-260.

Smith, Fleming, Wright, et al. 2015. Brief report: vocational outcomes for young adults with autism spectrum disorders at six months after virtual reality job interview training. Journal of autism and developmental disorders, 45 (10): 3364-3369.

Solak, Cakir. 2015. Exploring the effect of materials designed with augmented reality on language learners' vocabulary learning. Journal of Educators Online, 12 (2): 50-72.

Speranza, Tam, Renaud, et al. 2006. Effect of disparity and motion on visual comfort of stereoscopic images//Proceedings of SPIE, Bellingham: Society of Photo-Optical Instrumentation Engineers Press, 6055: 94-103.

Stergiopoulou, Sgouropoulos, Nikolaou, et al. 2014. Real time hand detection in a complex background. Engineering Applications of Artificial Intelligence. 35, 54-70.

Suyama, Ohtsuka, Takada, et al. 2004. Apparent 3-D image perceived from luminance-modulated two 2-D images displayed at different depths. Vision Research, 44 (8): 785- 793.

Thornhill-Miller, Dupont. 2016. Virtual reality and the enhancement of creativity and innovation: under recognized potential among converging technologies? Journal of Cognitive Education and Psychology, 15 (1): 102-121.

Toyota teen Drive 365. http://www.toyota.com/teendrive365/.

Viola, Jones. 2004. Robust real-time object detection. International Journal of Computer Vision, 2 (57): 137-154.

Virtual reality therapy. http://www.uoflphysicians.com/virtual-reality-therapy.

Virvou, Katsionis. 2008. On the usability and likeability of virtual reality games for education: The case of VR-ENGAGE. Computers & Education, 50 (1): 154-178.

Wang Q, Cheng D, Wang Y, et al. 2013. Design, tolerance, and fabrication of an optical see-through head-mounted display with free-form surface elements. Applied Optics, 52 (7): 88-99.

Watt, Akeley, Ernst, et al. 2005. Focus cues affect perceived depth. Journal of Vision, 5 (10): 834-862.

Wu H. 2000. View-independent recognition of hand postures//IEEE Conference on Computer Vision and Pattern Recognition, Hilton Head Island: IEEE Press, 88-94.

Yano, Emoto, Mitsuhashi. 2004. Two factors in visual fatigue caused by stereoscopic HDTV images. Displays, 25 (4): 141-150.

Yano, Ide, Mitsuhashi, et al. 2002. A study of visual fatigue and visual comfort for 3D HDTV/HDTV images. Displays, 23 (4): 191-201.

Yoshida, Rolland, Reif. 1995. Design and applications of a high-resolution insert head-mounted-display//Proceedings of Virtual Reality Annual International Symposium, Los Alamitos: IEEE Computer Society Press.

Yu C, Wang X, Huang H, et al. 2010. Vision-based hand gesture recognition using combinational features//2010 Sixth International Conference on Intelligent Information Hiding and Multimedia Signal

Processing，Darmstadt：IEEE Press，543-546.

Zhao Q P. 2011. 10 scientific problems in virtual reality. Communications of the ACM.

Zhu Y，Yang Z，Yuan B. 2013. Vision based hand gesture recognition//2013 International Conference on Service Sciences，260-265.

Zondag，Gritti，Jeanne. 2009. Practical study on real-time hand detection//3rd International Conference on Affective Computing and Intelligent Interaction and Workshops，1-8.